AF587874

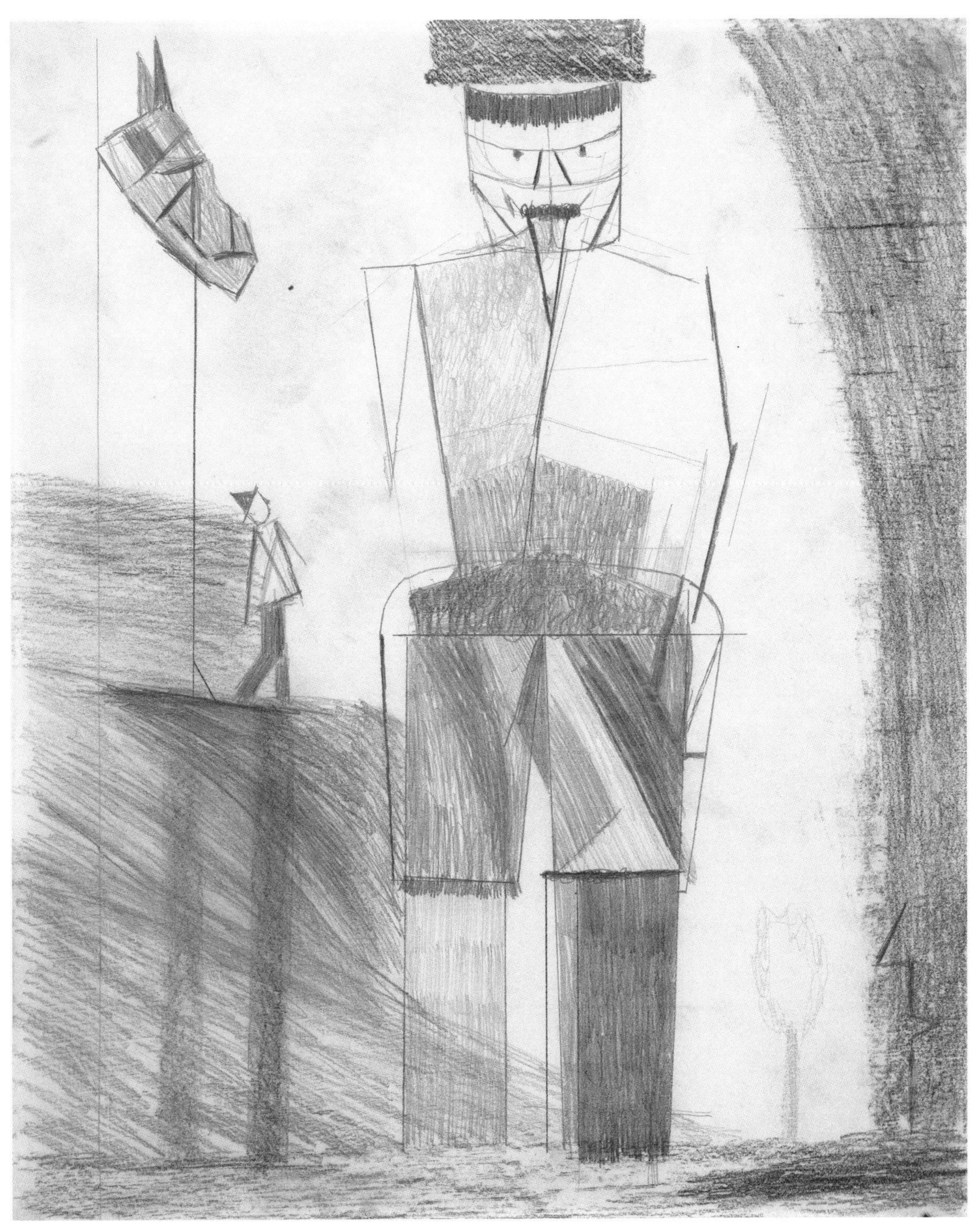

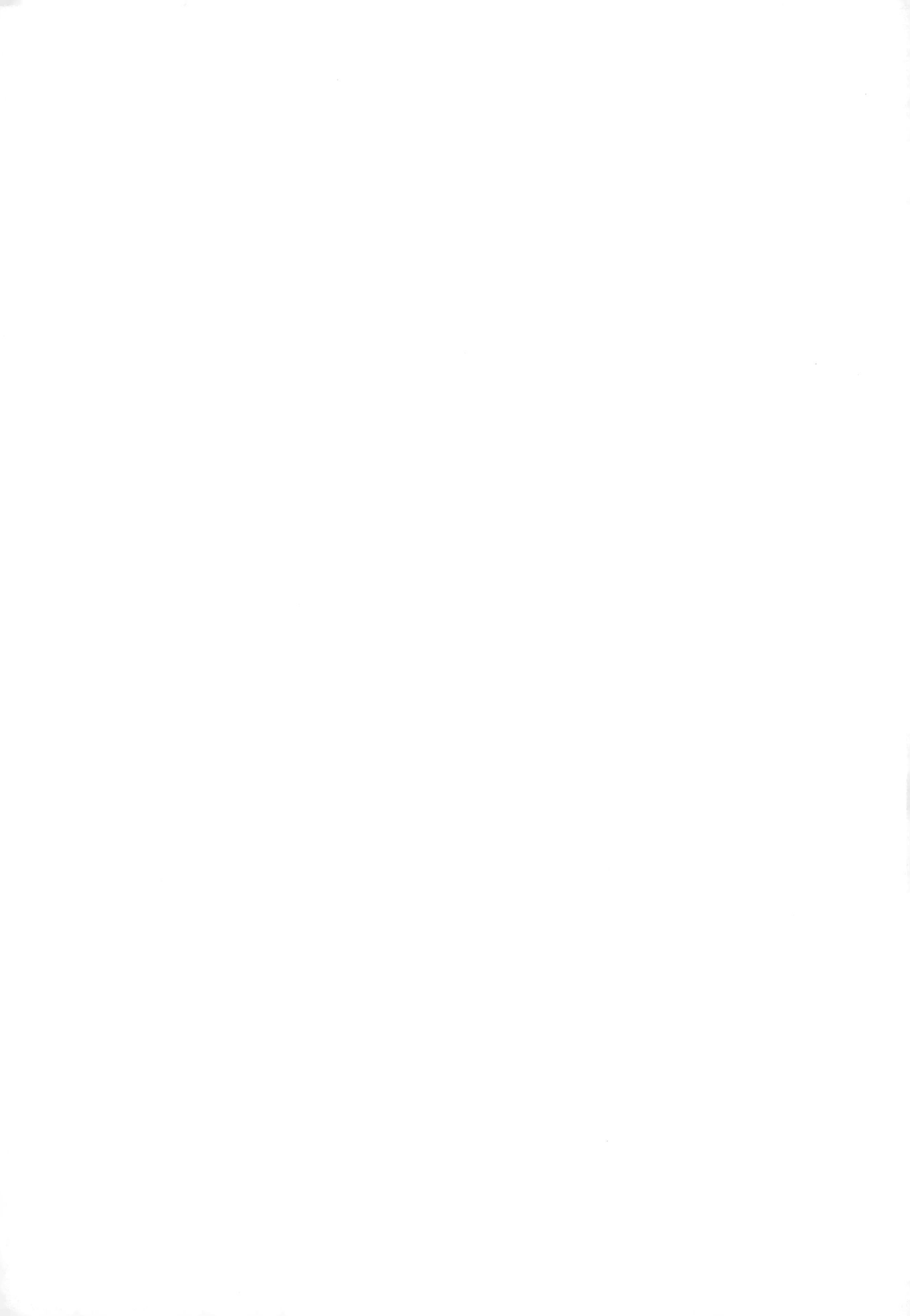

Bart Janssen
gedichten

Koen Peeters
proza

Dirk Zoete
tekeningen, foto's

Een beeldend kunstenaar, een dichter en een schrijver. Drie kunstenaars die gefascineerd de eerste roman van Stijn Streuvels lazen, Langs de wegen uit 1902. Hun lectuur leidde tot intense gesprekken en uitwisseling. Dit kunstenboek vertelt hoe zij met zorg, zelfs liefdevol, in het universum van Streuvels stapten. Ze roepen een wereld op van boeren en hun dieren, in een verrassend hedendaags eerbetoon aan Streuvels.

Dit boek is een ernstig spel.

Want het Streuvels-universum is plots een toneeldecor geworden voor Zoetes kunst. Op de scène zien we een eenvoudige paardenknecht verschijnen, Jan Vindeveughel. Hij is het hoofdpersonage van Langs de wegen. Hij praat tegen dieren alsof het mensen zijn. Hij wordt voortgeduwd door het lot. Hij jaagt zichzelf naar de ondergang.

Tegelijk is dit boek een ludiek ritueel.

Want de drie kunstenaars, Zoete, Janssen en Peeters, gingen samen op pad, ook langs de wegen. Deze beweeglijke mannen zochten overal: in Het Lijsternest, in Zoetes atelier, in oude en nieuwe teksten. Ze keken onbevangen naar het landschap, naar boeren en paarden. Ze ondernamen een dagtocht, als een performance, en belandden in een ouderlijke boerderij, waar alles begon.

Net als in het boek van Streuvels.

1.

Enige tijd geleden ging ik naar een lezing over de illustere Vlaamse volksschrijver Stijn Streuvels, in de kasteeltuin van Beauvoorde. Toen ik toekwam aan de grote open tent, stonden de mensen al klaar bij de plooistoeltjes. De mannen droegen zomerse, geruite jasjes en linnen broeken, de vrouwen roze en witte blouses, vaak in een air van rozenwater. De vrouwen hielden zich met hun twee handen vast aan hun sacoche.

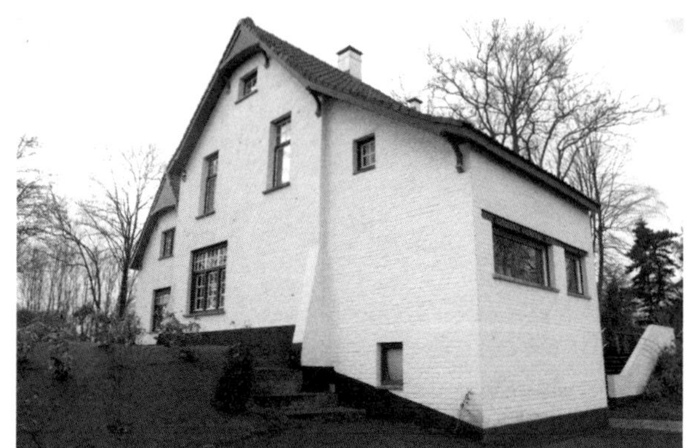

'De causerie vangt aan', kondigde de inleider aan.

Allen gingen zitten aan de gedekte tafels. Hongerig namen ze de witte gesteven servetten op, herplooiden die en legden ze vervolgens terug. Wegens plaatsgebrek moest ik in de middenbeuk zitten op een bijgeschoven stoel. Dat was alsof ik midden in de kerk zat.

Het was een professor die sprak, en ook de voorzitter van het Streuvelsgenootschap en een acteur. Maar ik had die dagen last van grote verwarring en het kwam mij nadien voor, in mijn troebele herinnering, dat Stijn Streuvels zelf binnentrad en sprak.

Dat kon niet, Streuvels is gestorven in 1969. En toch meende ik dat Streuvels zelf binnenkwam. Het was maar een klein mannetje, viel mij meteen op.

Streuvels streek over zijn voorhoofd, zijn rimpels en zijn witte, verzorgde snor. Plechtig stak hij van wal: 'Ik zal u voorlezen uit mijn dagboek. Dit is hetgeen ik dag na dag levende vers heb opgeschreven in mijn dagboek.'

Gezapig, zelfs onderhoudend, vertelde hij dat hij als jonge bakker ernaar verlangde om op zichzelf te gaan wonen. Streuvels wilde 'zijn bestaan een richting geven', 'uit het oude loskomen', 'het zware woord uitspreken'. Wat meer was: hij wilde schrijver worden, maar zocht wanhopig naar een manier om dat thuis te vertellen.

Las de schrijver echt voor uit zijn dagboek? Nee, dat was geen dagboek dat hier door Streuvels voorgelezen werd. Het was een door Streuvels gezuiverde, literair opgesmukte tekst. Alle lastige persoonlijke gevoelens had hij erbuiten gehouden. Het dagboek was herschreven als een roman, en hij las het voor als een

1.

theaterstuk. Misschien had Streuvels zelfs zijn originele dagboek vernietigd. Maar zoals hij het voorlas, leek het alvast dat hij zijn ziel op tafel legde, en ieder kon daarin meekijken.

Wie goed luisterde en zich overgaf, werd meegetrokken in de geestvervoering.

Het publiek genoot hiervan. In de zomerse tent sloten velen hun ogen om geconcentreerd te luisteren, of om te slapen. Sommige van die mannen droegen hun witte haar te lang, alsof zij wilden gelijken op Romeinse keizers. Als zij besmuikt lachten om een flauwe grap van Streuvels, loerden ze ogenblikkelijk naar links en rechts om samen van de humor te genieten.

Ik zat daartussen.

Een duif vloog over de tent, en de schaduw van die bescheiden vogel wierp het filmbeeld van een wiekende arend op het tentzeil. Streuvels las verder, acteerde zijn tekst. Hij vertelde hoe hij in 1903 voor 2700 frank eigenaar werd van een lap grond, 3000 m^2 groot. Hij zou er zijn beroemde huis genaamd Het Lijsternest bouwen en zijn carrière als schrijver beginnen.

Nog meer overvliegende duiven tekenden filmbeelden op het zeil boven ons. Kleine dondervliegjes stegen op uit het gras onder de toehoorders. Ik, op mijn plekje in de middenbeuk, voelde me hopeloos verdwaald. De mensen in de tent hoorden niet dat aanhoudende, onmiskenbare zwijgen in de tekst. Zij wilden onschuldige verhalen horen van hun streek, van vroeger, van henzelf. Dat volstond voor hen, en het was ook dat wat zij hoorden. Twee rijen voor me streelde een meisje aanhoudend haar bevallige neus met een wit zakdoekje. Zij bekeek de blauwe kleurspatjes op haar eigen jurk. Een motief van kleine korenbloemen. Het meisje verdraaide haar horloge om haar pols, keek even om naar mij, blikte schroomvallig terug op haar onbedekte knieën.

Oudere mannen, rozig en grijs, waren al in slaap gevallen. Anderen hadden last van de dondervliegjes, en sloegen die voorzichtig van zich af. Steeds meer vliegen, bromvliegen en kleine venijnige vliegjes verzamelden zich boven in de nok van de tent. Buiten passeerde een grote landbouwmachine.

Een warm applaus volgde toen Streuvels een punt zette achter het verhaal. Dan nodigde de inleider

1.

iedereen uit voor de koffietafel. Grote aluminium schalen met krentenbrood en jonge kaas werden aangevoerd. Terwijl iedereen tegelijk praatte en at, zag ik hoe nog meer vliegen opstegen uit het gazon.

2.

Het is onzin een schrijver te willen aanspreken, zeker als hij dood is. Maar als ik Streuvels, daar en toen, zou hebben ontmoet, dan had ik hem deze ene levensvraag gesteld: hoe ontsnappen aan de ouderlijke erfenis? Zoals Streuvels het zelf formuleerde: 'zijn bestaan een richting geven', 'uit het oude loskomen', 'het zware woord uitspreken'.

Ik was in die dagen verward. Ik was druk bezig met het manuscript van mijn nieuwe boek –de werktitel was Als een boerenzoon– en dat ging over een jongen in de Westhoek die kost wat kost weg wil van de ouderlijke boerderij. Het hoofdpersonage in mijn boek was een jongste zoon, voorbestemd om zijn vader op te volgen. Ik worstelde op dat moment al drie jaar met mijn manuscript, en had mezelf ten slotte wijsgemaakt dat een verblijf in Het Lijsternest, als schrijfresidentie, mij meer inzicht zou geven in die oude boerenwereld. In mijn besmette herinneringen lijkt het dat ik er één, misschien twee volle maanden verbleef.

In de magische schrijfkamer van Stijn Streuvels! Ik zat de hele tijd voor het brede panoramische raam van zijn schrijfkamer.

Links de molen met witte wieken, en daarachter een donkerte die misschien de Kluisberg was. Of lag die achter mij? En waar lag de Schelde? Rechts ook een molen. Gedurende de ganse dag doorbladerde ik Streuvels' schrijversleven in biografieën en boekbesprekingen, zittend aan zijn legendarische schrijftafel.

Soms hield een dikke, gezonde mist het hele landschap toegedekt.

Hier, voor dit brede rechthoekige raam zat de schrijver dus zijn hele carrière aan zijn bureau. Werd Streuvels nooit moe, vroeg ik me af, van dat gedurig kijken en loeren uit dat brede raam? Zijn hele leven leek wel rond het vensterperspectief gebouwd. Het leek dat hij keek, maar misschien was hij het zelf ook die de wereld vroeg naar hem te kijken. Zie mij zien, zei hij, en laat mij hier verder gerust.

Nerveus liep ik rond door alle kamers van het schrijvershuis. Ik telde de Streuvelsportretten en -beelden in het huis.

Kijk, een haas daarbuiten. Omstreeks het middaguur vielen dikke druppels, als kleine hagelbolletjes,

2.

uit de boom voor het huis op de krokussen. Plots brak de zon door en het koude licht viel op de gele akker ginds; dan sloeg het beeld weer dof dicht. Later viel een klaarte op de witte boerderij verderop in dat haast geschilderde landschap, dat daardoor zo diep en groot en wijd werd dat ik me afvroeg hoe ik dat kon beschrijven.

Ik bestudeerde Streuvels' verschijning op oude foto's en schilderijen. Op alle afbeeldingen bleef hij steeds diezelfde man met de opgetrokken, borstelige wenkbrauwen en de typische Streuvelssnor. Naarmate hij ouder werd, werd hij steeds meer dat kleine bazige, magere mannetje, dat zich, rechterarm losjes in de zij, breed zette op de foto's. Wie was die iconische Vlaamse schrijver die zijn zelfbeeld zo regisseerde? Die onsterfelijke Vlaamse god met korte beentjes?

Tot diep in de nacht zat ik voor dat raam. Ik had mij voorgenomen daar mijn manuscript af te werken. Maar ik zat er te lezen in Streuvels' bekendste boeken, te weten De vlaschaard, Het leven en de dood in de ast en Langs de wegen.

Om te beginnen de roman De vlaschaard, die ook al gaat over zo'n delicate vader-en-zoonkwestie. Dat boek handelt over de koppige, trotse boer Vermeulen, en hoe zijn enige zoon zich verzet tegen de bekrompen vader. Over het inzaaien van hun vlasakker, de vlaschaard, hebben vader en zoon een verschillend idee. De zoon gehoorzaamt, en zaait de vlasakker te laat in. Het vlas schiet onregelmatig op, maar de oude boer Vermeulen geeft zijn ongelijk niet toe. De opgewekte boerenmeid Schellebelle lonkt naar de zoon. Het wordt de vader steeds moeilijker. Het boek toont de oude boer die wedijvert met zijn gelijken, weinig begaan is met zijn vrouw, en heerst over zijn kinderen.

Vervolgens las ik, immer zittend voor dat raam, Het leven en de dood in de ast, over vijf dagloners aan het werk in een ast, een droogoven in verdiepingen voor het droogstoken van cichoreiwortels. Streuvels heeft het hier over de sociale onrechtvaardigheid, het generatieconflict, de problematische relatie man-vrouw, de meedogenloze natuur of het noodlot.

3.

Maar het was vooral toen ik Streuvels' Langs de wegen las dat een grote somberheid mij bij mijn nekvel greep. Zoiets overkwam mij nooit eerder. Terwijl ik juist wilde vertellen in mijn eigen boek hoe mijn hoofdpersonage ontsnapte aan zijn boerenmilieu, leek mij dat na lezing van Langs de wegen onmogelijker dan tevoren. Kwam dat door de donkerte, het extreme fatalisme van deze roman?

Streuvels' roman verstrengelde zich met mijn manuscript. Ik dacht: ik moet het boek Langs de wegen beter begrijpen om het van me af te zetten en mijn eigen manuscript af te werken. Ik wilde aan Streuvels' schrijftafel klaarheid krijgen in mijn schrijfprobleem.

Mijn vriend Björn Schmelzer van graindelavoix heeft mij een onrustige, artistieke methode geleerd: terugkeren in de voetstappen van het verleden. Deze beweging loopt via sporen, fragmenten, brokstukken; we zoeken dc ccho's dic daarin nog zinderen. We capteren het ritme in de echo van het verleden, en zetten het ritme verder. Het is: een oud boek lezen als een partituur, het verleden tot leven wekken, en we voegen iets toe aan iets dat er niet meer is. Bij dergelijke reconstructie zullen wij nooit weten hoe het exact geweest is, maar dat geeft niet. Er ontstaat een verschuiving. In dat proces komt de zuiverheid van de tijd zelf in gevaar, evident, maar we beschouwen de tekst als oude muziek die opnieuw op ons gemoed kan inwerken.

Een oud boek als een reminiscentiekoffer, jazeker. De schilderkundige aanduiding die we van de dirigent hierbij krijgen, is sfumato. Dat betekent: vaag, zacht, wazig. Ja, als de mondhoeken van de Mona Lisa, zodat in deze beweging het troebele kan verschijnen.

'Want', zei Björn Schmelzer me, 'elke tekst heeft zijn eigen verplegers en verpleegsters nodig, emballeurs die het oude tekstlichaam verzorgen en inpakken met nieuwe zuivere windels.'

Is dit wetenschappelijk? Ik weet het niet. Maar om van dat venijnige boekje Langs de wegen af te raken moest ik het helemaal herlezen, aandachtiger dan de eerste keer, en alle sporen erin onderzoeken.

Ik, zittend voor het fameuze raam van Het Lijsternest, sloeg opnieuw Langs de wegen open. Ik begon te lezen: 'Van vroeg in den morgen, toen 't nog vol donker was in den stal, begonnen de peerden te kletsen

3.

en te slaan met de hoeven tegen 't berdelen beschot van hunne sliet. Op 't gerucht sprong Jan uit zijn bed en ontstak de lanteern.'

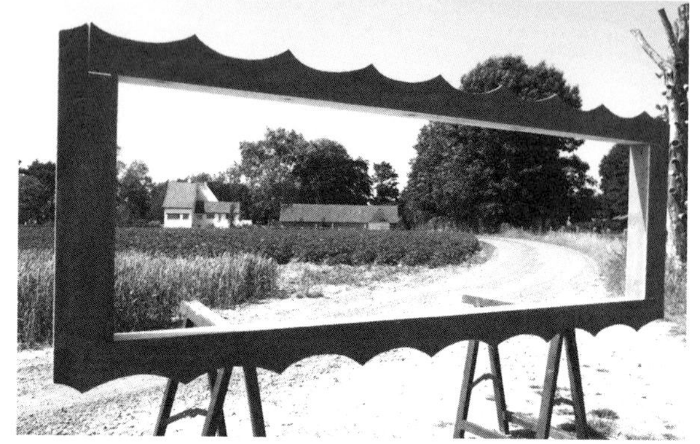

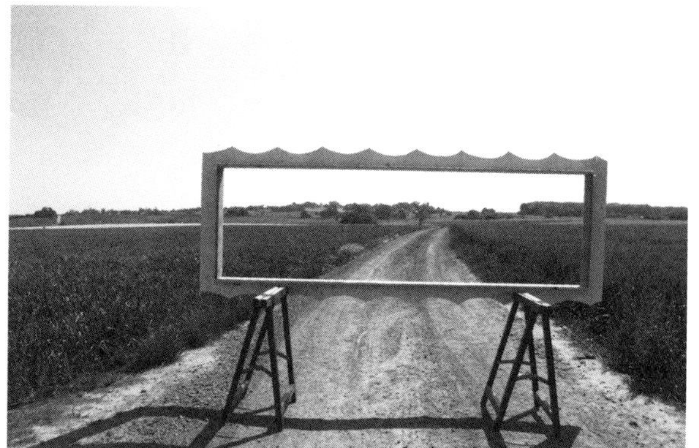

4.

Het boek Langs de wegen van Stijn Streuvels begint als op een ochtend paardenknecht Jan Vindeveughel opstaat en haver geeft aan de vier paarden met wie hij de stal deelt. Hij doet dat 'koutend in zichzelf'. Of ook: hij praat tegen zijn dieren alsof het mensen zijn. Met deze dieren heeft Jan Vindeveughel een relatie van vriendschap en zelfs medelijden, als dat nodig is. Eerst zijn oude gewillige lievelingsmerrie Seva, dan merrie Miete, het veulen Baai en de nieuwe, onrustige ruin die hij de naam Bruin heeft gegeven.

De werkdag op de boerderij is begonnen. De meiden zingen en de dieren loeien, snateren of snorken. Maar Jan is net zo stil en ernstig als zijn paarden. Hij zwijgt, hij wil niet gestoord worden. Dan, 'met licht dansenden stap en rinkeling van bellen, gingen de twee peerden 't hof af'.

Jan is tevreden over zijn paarden, het weer, de geleverde arbeid, zoals hij altijd over alles tevreden is. Altijd. 's Middags eet hij met de elleboog op tafel en zwijgt. Dan gaat hij weer aan het werk, en als de avondmist valt, stopt hij met werken, stalt de paarden, wrijft de paardenhuid droog met stro, en geeft lijnzaad aan de paarden. Hij slaapt weer bij zijn dieren, zoals het een paardenknecht past.

Dan gebeurt er iets in dit tijdloze universum. De boerin geeft Jan een brief die zijn leven overhoop zal halen. Een brief, en 'hij bezag langs alle kanten de groote letters en den stempel'. Jan steekt die brief weg en vertrekt. Hij blijft drie dagen weg om te drinken. Het is niet de eerste keer dat hij dat doet. Pas na drie dagen komt hij terug, en beschaamd gaat hij weer aan het werk. 's Avonds laat hij de boerin de ongeopende verfrommelde brief lezen. De boerin leest hem de boodschap voor: Jans vader ligt op sterven, en zijn drie getrouwde broers vragen dat hij onmiddellijk langs zou komen voor begrafenis en verdeling van de erfenis. Maar Jan werkt zonder spreken verder. Hij overlegt met zijn paarden, want zelf kan hij niet beslissen. De boerderij verlaten, waar hij dient als knecht, is het laatste wat hij zelf wil. Met grote tegenzin neemt hij afscheid, om naar de stervende vader te gaan.

Jan Vindeveughel kuist en wrijft zijn paarden, vleit ze een laatste keer met de hand. Hij voelt zich

4.

een lafaard, en zelfs is hij bevreesd, zeer animistisch, dat 'het land, de boomen, de huizen' zouden zien dat hij vertrekt. Maar de brief heeft hem de grote, algemeen menselijke vraag gesteld: hoe te ontsnappen aan het ouderlijke huis?

5.

Toen ik in Het Lijsternest was, belde ik verschillende keren per dag met de dichter Bart Janssen, die ook een tijdlang in het schrijvershuis had verbleven. Janssen deelt dezelfde fascinatie voor Streuvels als ik. Net als ik zat hij voor dat befaamde raam van 's morgens tot 's avonds, lezend in het oeuvre van onze beroemde Vlaamse volksschrijver. Wij staarden naar buiten. Met Janssen had ik het uitgebreid over dat ene bijzondere moment in Langs de wegen, als Jan Vindeveughel de bewuste brief ontvangt.

Ik vroeg aan Janssen welke postzegel op die brief zou hebben gekleefd.

Dit is een overbodige, zelfs onnozele vraag, want het verhaal van dit boek is niet scherp te dateren. Maar Janssen en ik wisten ook: Streuvels had aan Langs de wegen gewerkt vanaf november 1900, en het bock vcrscheen in november 1902.

Twee dagen later kwam Janssen mij bezoeken in Het Lijsternest. Hij had voor mij een officiële postzegelcatalogus meegebracht, met gele post-its erin gestoken. Op een apart blad had hij originele postzegels mee, die hij in een gespecialiseerde Antwerpse winkel was gaan kopen. De postzegel die op de brief aan Jan Vindeveughel had gekleefd, wist Janssen, was hoogstwaarschijnlijk een 'Leopold II met fijne baard, nr 66 2F, paars op roze'. In het jaar 1901 werd deze postzegel zeer courant gekleefd, beweerde Janssen stellig.

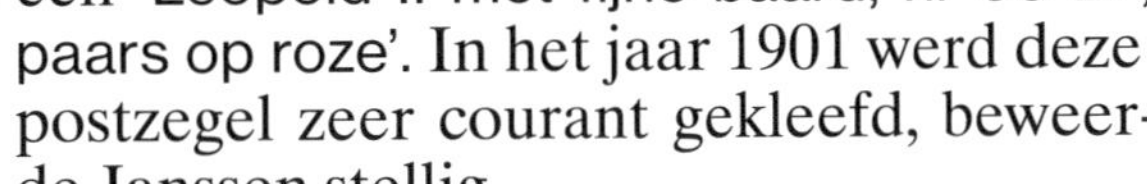

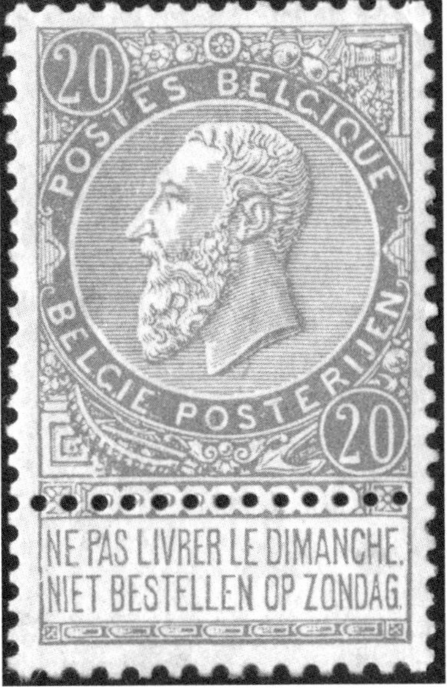

Bovendien had hij de hele catalogus van Belgische postzegels doorbladerd, op zoek naar postzegels die aansloten bij het boerenthema. Hij toonde me deze zegels. Ik herkende ze bijna allemaal, omdat ik zelf vroeger als kind postzegels heb verzameld. Het was een ouderwetse film waarin een klok wordt teruggedraaid. Bij zijn postzegels liet Janssen ook twee gedichten achter, op een A4'tje, met bovenaan een regel van Streuvels erbij.

6.

... en 't begon alles traag te verdwijnen tot dat Jan eindelijk omwonden stond in nauwen kring waarachter hij niets meer herkende tenzij de zwartigheid onder zijne voeten en de twee bonkige achterlijven van 't koppel peerden.

BIT

Hoor hoe het zijn land rekt
In de draf, zijn draagvlak

Trekt in het stof, de hoeven
Bij zijn grondslag voegt,

Zijn nagalm lengt met de ruk
Aan het bit – de balling

In zijn flanken drijft.

FUIK

Zie hoe het zich jaagt
In zijn huid, zich weert

In de fuik voor de tijd
Van zijn leven, zich spant

Uit zijn wendend belang
En doorzichtig van zwaarte

Het spoor in zijn diepgang verzwikt.

7.

Opgejaagd door de brief (met de paars-roze Leopold II-zegel) gaat Jan Vindeveughel terug naar zijn geboortestreek. 'De eindelooze weg liep naar 't onbekende Zuiden, naar de streek die hij sedert zijne kindsheid niet meer zag.' Streuvels beschrijft hoe nutteloos en leeg Jan zich voelt op die tocht. Maar Jan Vindeveughel neemt de nieuwe omgeving in zich op, en ineens vergeet hij al het vorige.

De tijd in deze roman van Streuvels is onbestemd en ijl. De dood is onwezenlijk, slechts een detail in een cyclus. Zelfs als de eigen vader op sterven ligt, wordt er niet gehaast. Er is alleen de dag, en de seizoenen.

Hij vindt zijn ouderlijke huis terug, leeg en onbewoond, de deur gesloten. Daar verschijnt buurvrouw Vina, die hij vaag herkent. Vina zegt hem dat zijn vader gestorven is, zijn broers hebben drie dagen op hem gewacht, en hebben dan de vader begraven. Zijn broers laten aan hem het land en het huis.

Het is allemaal te veel voor Jan. Hij gaat weer drinken: in het café verkondigt hij luid aan iedereen wie hij is. Als hij weer nuchter is, doet hij wat het enige logische lijkt: 'hier op vaders erf zou hij stil en gerust zijn leven slijten en zonder begeerten of verlangens, een bestaan vinden'.

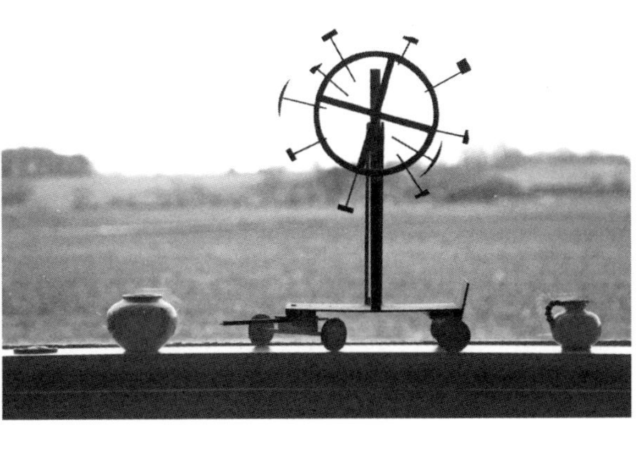

De priester komt hem zeggen te trouwen met Vina, die tenslotte ook maar alleen is. Jan zal gedwee toegeven. Jan, eeuwige twijfelaar, willoos en karakterloos, zal trouwen, want hij is een personage dat het script volgt.

Hij is een Lamme Goedzak, een trage denker, een stille jongen, een analfabeet met een drankprobleem. Het enige wat hij wil is zich 'vaster op den grond voelen en voor altijd zijne bezigheid vinden op 't veld'. Dit is zijn grote, existentiële vrees: het dwalen, het dolen langs de wegen, geen eigen stek hebben.

Maar de huwelijkse staat bevalt hem goed. Hij eet en slaapt goed. Hij breekt het ouderlijke huisje af en maakt er vlak land van, zaait het in.

Ik onderstreepte al deze zinnen in mijn boek en las ze telefonisch voor aan Janssen.

8.

Het Lijsternest was uiterst belangrijk geweest voor Streuvels. 34 was hij toen hij dit stuk grond ontdekte en meteen kocht, en het huis erop liet bouwen. 'Eindelijk had ik iets ontdekt dat aan alle vereisten voldeed. Het was een onnuttige klijtkop, een soort terp of tumulus', schreef hij. En ook, het was in 'het banaalste dorp dat men uitdenken kan'.

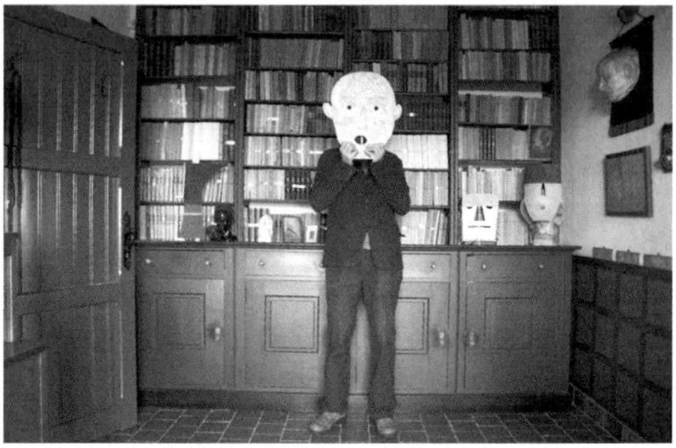

Pas daarna zocht hij zich een vrouw en stichtte een gezin.

Hier zou hij zich tonen als schrijver. Voortaan was hij geen bakker meer, laat staan een boer.

Hij richtte het huis in naar zijn smaak. Als kleuren voor de muren koos hij chroomgeel, azuur, zalm, heldergrijs en Saksisch groen. Een opwekkende spreuk bracht hij aan boven het raam: Nulla dies sine linea, er zou hier geen dag passeren zonder een lijn te schrijven. Vanuit het brede raam keek hij toe, vanuit een aangename hoogte. Als een etnoloog bekeek hij hoe de landlieden zich daarbuiten gedroegen. Hij hoorde hen zingen als hij het venster openzette. Hij zei: 'Het verloop moest maar afgeschreven worden gelijk ik het gebeuren zag.' Voor dat raam kon hij het menselijk systeem ontrafelen, begrijpen wat ze deden om het dan vast te leggen met woorden van dat volk zelf.

Terwijl ik Streuvels zat te lezen, keek het donkere schrijversraam mij bestendig aan, als een inwaarts kijkend oog. Daarachter spiegelde zich het landschap dat dreigend en blind, in een camera obscura mijn beeld vatte en naar buiten wierp. Ik luisterde.

Streuvels schreef: 'Bij nachte wordt een mens bovendien te veel geplaagd door nare gepeinzen die lijk spoken uit de donkerte opkomen, en die men niet verjagen kan.' Een of ander dier zuchtte buiten. Ik werd daar angstig van.

Het befaamde raam was een perfect zwarte rechthoek. In de weerspiegeling zag ik de kamer met de boeken, en daarin mezelf. Het was zwart, dat vooral. Ik dacht aan het gedicht dat Bart Janssen hierover schreef:

8.

FLATSCREEN

Zet zich op grond van donkerte
het huis in zijn barsten

Strekt in het veld klaarte
tot zijn ontbinding

Test in zijn spiegeling het oog
dood op zijn duurzaamheid

Ik zat voor het raam te lezen. Ik wist niet wie en wat naar mij keek. De donkerte, de complete afwezigheid van geluid of gerucht, mijn vermoeidheid en slapeloosheid van de voorbije dagen maakten me ongerust. Wie was er hier allemaal dood? Al die schrijvers die daar stonden, waren dood, besefte ik plots. Allemaal.

Toen deed ik dit: ik pakte mijn angsten en de zwartheid van de voorbije nacht in met onbeschreven Streuvelspapier dat ik stal uit een map op zijn bureau. Het was een groot wit blad, stijf en stug als oorlogspapier. Als een schoolkind kaftte ik daarmee dat sombere boek, en door dat geduldige plooien, inknippen en hoekjes omslaan, zoals ik met mijn vingers de vouwranden vaardig platdrukte en schoonlegde, temde ik mijn exemplaar van Streuvels. Terwijl de eerste ochtendklok klepte in de kerktoren, plooide ik er nog een ander schoon wit blad om, opnieuw uit de map met wit onbeschreven papier van Streuvels, om de zwartheid en de scherpte van dat boek te verhullen.

9.

Misschien hebben we met deze eerste roman de schrijver Streuvels zelf reeds leren kennen. Frank Lateur, alias Stijn Streuvels, is op dat moment in zijn leven voorbestemd om bakker te worden. Hij zit vast in de ouderlijke verplichtingen, wil ontsnappen, en koopt boeken bij de vleet. Hongerig leest hij de grote Europese schrijvers om vreemde talen te leren, hij verslindt al hun verhalen. Hij is ambitieus, en droomt van een schrijverscarrière. Op zijn eentje leert hij Frans, Duits, Engels, zelfs Noors. Hij leest Flaubert, Couperus, Balzac, Dostojevski en Zola. Hij is gefascineerd door de Russen, Tolstoj in het bijzonder. Hij vertaalt die uit het Duits en het Frans.

We zijn 1902 als zijn eerste grote roman Langs de wegen verschijnt. Streuvels is dan 31 jaar. Tegelijk verschijnen ook zijn Vertellingen van Tolstoï, en in 1903 Geluk in het huishouden, opnieuw een vertaling van (een Duitse of Franse vertaling van) Tolstoj. De grote Rus prikkelde of bevestigde zijn aandacht voor het boerenleven, de gewone landlieden, en vooral dan de kleine boeren, seizoenarbeiders of paardenknechten.

Langs de wegen schreef hij op één jaar tijd. Volgens sommigen toont het boek de worstelende Streuvels die zich amper kan losmaken van zijn moeder en de ouderlijke voorbestemming. Het boek toont meteen ook Streuvels' eigen schuwheid, zijn besluiteloosheid. In een zeer persoonlijke brief aan een vriend schreef hij toen: 'We zijn arme mossels die ons vasthechten aan al wat ons te-bij komt en voelen pijn als het ons ontrukt wordt.'

Dit fascineerde me in dit boek en in de figuur van Streuvels: als mens opgaan in het landschap, in het werk, in de dieren, in de woorden die men ons zegt. Kunnen wij daar dan zo in verdwijnen?

Antropoloog en psychoanalyticus Renaat Devisch, zelf een boerenzoon uit de Westhoek, wees mij erop hoe bepaalde leefomgevingen en ontmoetingen ons kunnen aangrijpen, beklijvend beroeren, mee doen vibreren of verplaatsen, en daardoor deprimeren, opjagen of juist doen berusten. 'Het begint vaak met stemmen', zei hij. 'Het komt doordat reeds in de moederschoot stemmen worden ingeprent en weggeschreven in het kinderlichaam.'

Devisch vertelde mij hoe bij hen thuis op de boerderij elk dier zijn eigen naam had, zijn eigen adem.

9.

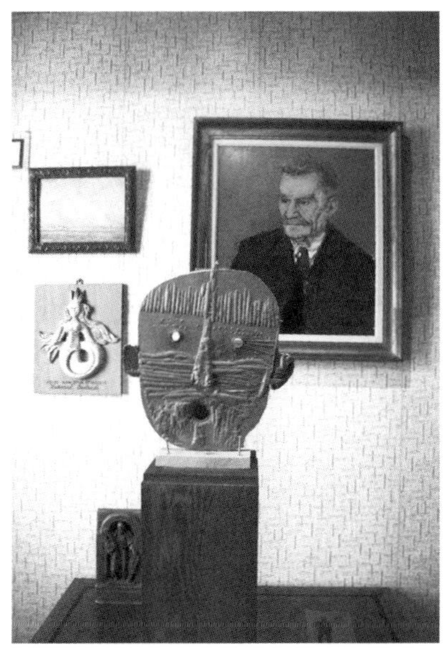

Hij vertelde: ‘Wij op onze boerderij voelden ons overspannen door de hemelkoepel, net als onze dieren. Onze hond leek te voelen wat wij dachten. De paarden herkenden de paardenknecht; ze voelden al dat hij ging komen, nog voor hij met zijn fiets arriveerde op het erf. Als de paarden op kracht moesten komen, rolde de paardenknecht een sigaretje. Dan leek het of de paardenknecht stilzwijgend met de dieren praatte, en ook mijn moeder had zo’n gevoelige band met de koeien. Zij pakte de dieren voorzichtig en secuur aan, haast vriendschappelijk, gevoelig. Bij het melken bracht ze de nukkige dieren tot rust door ermee te praten.’

‘In mijn dromen komt dat nog altijd terug’, zei Renaat Devisch. Hij kon zich nog altijd in die stille wereld terugtrekken. ‘Ik zie dan mijn grootouders verschijnen, ook al heb ik hen fysiek nooit gezien. In mijn intiemste momenten geven ze mij een boodschap die ik niet kan verwoorden.’

‘Er gaan echo’s doorheen de tijd’, zei hij. ‘Rimpelingen. Soms zijn er zelfs herinneringen aan dingen die nog moeten gebeuren.’

‘En dat kan toch helemaal niet?’ zei ik.

‘Nee, dat kan inderdaad niet. Maar er is een fatum dat dingen moeten gebeuren. Alsof wij acteurs zijn, die een rol opnemen.’

‘Acteurs? Bedoel je niet auteurs?’

‘Nee, acteurs. Alsof wij onbewust weten hoe het afloopt.’

10.

Ja, ziedaar onze Jan Vindeveughel, die zelf amper weet wie hij is, die als een kameleon de kleur aanneemt van zijn omgeving. Hij is zoals Meursault in Camus' De vreemdeling, of Jozef K. in Kafka's Het proces. Vina leert hem bidden, leest hem voor uit religieuze boeken, en hij luistert kinderlijk. Terloops wordt gezegd dat ze in verwachting is.

Het doet zelfs amper iets met Jan, als het kind geboren wordt. Weliswaar plichtsbewust koopt hij een wiegje, vraagt zijn broer en zus op bezoek, maar hij heeft het met hen over landzaken. Eigenlijk is hij vooral blij dat de winter voorbij is, dat hij opnieuw buiten kan leven. Hij is een deel van een natuurbeschrijving van wolken en de aarde. De aardeklompen herkent hij als 'dingen van zichzelf'.

Hij wordt melancholisch als hij Dolf, de paardenknecht van boer Vorster, met zijn twee paarden bezig ziet en hoort: 'hu Zan, omme Lotte, hei verdomd! En dan weer zachter: tuuk, tuuk, hei, op! omme! djok, ho, ho, djok Lotte.' De woorden herinneren hem aan zijn leven met de paarden.

Dan doet de droogte de oogst mislukken en hun kindje wordt ziek. Ze bidden, branden een kaars, doen een bedevaart. Alles komt weer goed. Jan beseft wel dat zijn leven afhankelijk is van Gods zegen, maar dat is wat Vina hem heeft geleerd. Een tweede jongetje wordt geboren, de naam ervan wordt niet eens genoemd, en al snel zijn er vier jongens in het huishouden en vader Jan 'was en bleef het kalme trekpeerd dat maar 't werken laat vallen als 't donkeravond is'.

Vina zorgt voor verkoop van de overschotten van het land, en zij bereddert het huishouden. Zes kinderen intussen, het spaargeld smelt. Vina licht hem in, ook al weet ze dat Jan haar geen raad zal geven. Jan wordt jaloers op Dolf. Dan slaan de stoppen door. Jan vertrekt en drinkt zich lazarus, slaat zijn vrouw en kinderen.

11.

Hij dronk; dronk om gei en geestig te worden en troost te vinden, om 't ongeluk te versmoren, dat buiten zijn schuld, hem plotseling overvallen was.

KRUIM

Proef hoe op de korsten
van zijn lippen het malen

over de stenen schroeit,
aan het kruim zijn mond

verschraalt en in zijn dorst
de droogte hongert

naar de banbreuk van zijn keel.

Met de armen tastte hij naar alles wat rond zich gedurig omkantelde. Verder hing de volle onduidelijkheid gedonkerd in een kring die alsaan verengend toeneep, waarin hij eindelijk versmachtte en verzonk in den algemeenen roes.

GRIP

Voel hoe bodem uit
Zijn boorden slaat, grip

Zijn grens verliest, vastheid
Lost van zijn tekort,

Verlatenheid zijn verzuim
Inwrijft —uitkomst zich

Buiten zijn vel inpikt.

12.

Mijn vriend Janssen stuurde mij in Het Lijsternest een grote witte omslag, met daarop drie postzegels met paarden. Boerenpaarden getekend door een zekere Hausman, daarnaast de witte groottandige Jolly Jumper van Lucky Luke, en een Duinkerkse garnaalvisser te paard, van Stefan Vanfleteren. In de enveloppe zaten A4'tjes met weer gedichten, en ook een kunstkaartje van een gezamenlijke vriend van ons, Dirk Zoete.

Zoete is een beeldend kunstenaar.

Op het uitnodigingskaartje voor een tentoonstelling stond Zoete zelf afgebeeld. Night Horse. Hij poseert met een stok, een tafeltje en een touw, maar zo geschikt dat Zoete een jockey lijkt op een elegant klauwend paard, de oren plat in de nek. Die vrolijkheid, die lichtheid van de jonge ruiter waren geheel anders dan de personages waarover ik zat te lezen in Langs de wegen.

Achter op het kaartje schreef Janssen: 'Misschien moeten wij nog 's samen op pad gaan, langs de wegen. Wij zijn plukkers, rapers, knutselaars, toch?'

In café Au pauvre diable in het dorp ernaast legde Janssen me zijn gedichten uit, terwijl de biljarters plichtsbewust hun keu positioneerden. De mannen leunden met hun volle gewicht op de boord van het biljartmeubel, en haalden dan ferm uit met een droge tik. Met hun ogen tekenden zij de weg van de ivoren ballen, niet volgend, als een voorspelling.

Janssen las mij zijn gedichten voor. Het ritme daarin onthullend, onzichtbare komma's plaatsend, wees hij aan hoe hij de regels had geschikt, herschikt en verknoopt. Hij had ze duizend keer voor zichzelf opgezegd, en wees nu de schema's in de regels aan.

Door Janssens gedichten leek ik Streuvels beter te begrijpen. Dat ritme, die kracht: koppig en ruw, en daarin duister en stroef. Op eigen kracht zoeken zijn woorden; zij bewegen door een ingebouwde mechaniek, die zich niet laat betrappen. Na Janssens bezoek herlas ik wat ik al verschillende keren gelezen had bij Streuvels. Ik bewonderde Streuvels' onverstaanbare, onvertaalbare woorden. Zijn stijl: soms wat krampachtig maar altijd rijk, zwelgend en exuberant, pompeus ook, maar uniek en donker.

Sympathiek, al die paarden, maar eigenlijk ging dat boek over de boerenstiel, het leven van

12.

landbouwers en hun knechten op het land. Ja, hoe zijn boeren echt, en hoe ademen boeren de plaatsgeest, de genius loci? Ik was nog steeds bezig met mijn manuscript, dat intussen niet meer Als een boerenzoon heette, maar De geest en de genius.

Ja, wat te zeggen over boeren?

Hun nuchterheid, dat licht ironische spotten, het standsbewustzijn, hun cynische gedachten over politiek, hun verdiept fatalisme, en ook the propensity of things, dat is het meesterlijk mee-plooien met onbeheersbare krachten, zich telkens aanpassen en daarmee juist zijn voordeel doen. Boeren wachten, en schikken zich. Zij houden vol ondanks tegenstand, dat maakt hen gesloten en argwanend. Boeren vechten niet tegen de natuur, want de natuur is groter dan zijzelf.

Ik ging naar buiten, en de zon ging onder. In dc laatste avondzon aan de kim keek ik naar drie hazen op het maailand. Een hazenmoeder met twee jongen, buitelend over elkaar. Daarachter koeien, die in de weide liepen. Ze liepen op een rijtje op hetzelfde pad. Ze volgden braaf de voorganger.

Maar de kunstenaar wil niet braaf zijn. Braaf zijn is iets voor paarden.

13.

Wij zijn halfweg het verhaal van Langs de wegen.

Jan en Vina vragen hulp aan boer Vorster. Die heeft al lang gezien dat Jan en Vina hun kleine boerderijactiviteit met het groeiende gezin niet kunnen volhouden. 'De boer vond dat het tijd werd om bij te springen en zijn voordeel te doen.' Opvallend: de woorden die Streuvels gebruikt voor Vorster. Het is een fijne boer, 'een fijnaard', en hij wandelt, hij doolt niet langs de wegen.

Jan en Vina verkopen hun huis en land aan Vorster; voortaan werkt Jan voor de boer. Ze verkopen hun vrijheid, merkt Streuvels op. Intussen is er weer een kind geboren, het zevende, een meisje. De geldvoorraad van het gezin blijft slinken. Vina maakt zich zorgen en Jan blijft onverschillig voor haar zorgen. Het dochtertje wordt geen drie jaar, en sterft. Vina treurt en geeft op. Meteen is het duidelijk dat dit slecht zal aflopen.

's Avonds in Het Lijsternest, voor dat brede raam, legde ik het donkere, defaitistische boek opzij. Ik wilde het eindelijk van mij afschudden, ik wilde genezen van dat boek. Er kwam ook maar geen schot in mijn manuscript. Ik dacht: ik moet vertrekken, een reisplan maken. Geen dolen zonder vaste plek maar een onbezonnen wandelen zoals 'de fijne boer'. Ik zou Jan Vindeveughel achterna reizen, maar niet alleen. De reden: ik kan alleen in gezelschap afstand nemen, luchtig en ironisch, van mijn sombere zelf.

Ik belde met dichter Janssen en met beeldend kunstenaar Zoete. Zoete zelf was afkomstig van de Westhoek, niet ver van de Franse grens. Hij was ook een boerenzoon, en thuis hadden ze een gemengd bedrijf met maïs, bieten en koeien. Op zijn achttiende had mijn vriend Zoete voor de kunst gekozen. Ik vroeg me af: hoe heeft die zich dan ontworsteld, ontworteld aan de boerderij?

Ik nam dat kunstkaartje van Zoete in handen. Night Horse. Zoete maakte foto's, films en vooral tekeningen, en bracht die in een maquette tot leven. Hij vroeg aan acteurs om een sculptuur te acteren. Zijn kunst was een kijkkast, een machine om naar te kijken.

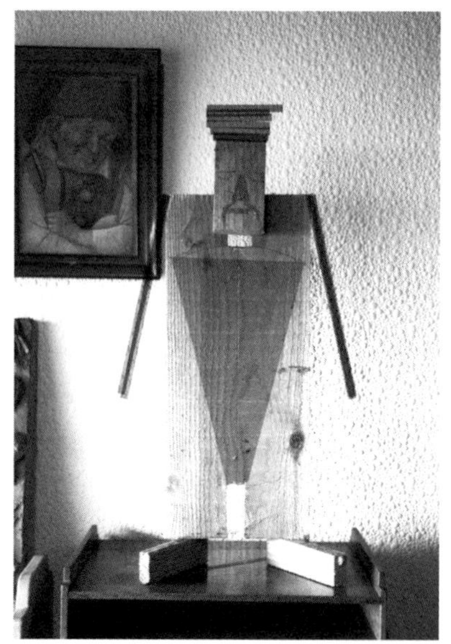

13.

Ik moest denken aan een verhaal uit Streuvels' kindertijd, over Rabbezon. Een dorpsmakkertje had hem jaren verteld over een boek met beweegbare gekleurde platen. Streuvels verwonderde zich over het 'papieren mirakel', waarin bomen en personages 'als bij toverslag' plots overeind kwamen met een touwtje.

(Rabbezon bleek trouwens later Daniel Defoes Robinson Crusoe te zijn.)

Vroeger al bezocht ik, samen met Janssen, het wonderlijke atelier van Zoete. We stonden er te kijken naar beelden van mannen met maskers, paarden in röntgendoorzicht, Mexicaanse rebellen, Russische boeren à la Majakovski. Aan de muur hingen studies en tekeningen van weidse landschappen, met daarin diverse agrarische constructies maar ook boten, theaters en woeste zelfportretten. Zoete tekende steeds weer zijn zinkgrijze figuren in potlood op grote witte vellen papier, en ook gebouwen. Telkens andere vormen van het boerenvernuft.

Zijn atelier toonde het portret van de kunstenaar als boerenzoon, vond ik. Zoete werkte op papier, maar ook met de materialen van de boerderij: mest waarmee hij zelf bouwstenen fabriceerde, tractorbanden, ruwe planken en zaagbladen, beton. Hij legde ons uit hoe hij liefst alles zelf deed. Zijn handen en vingers bewogen dan onrustig, zijn beide duimen wrijvend over de toppen van zijn wijs- en middelvingers om te tonen hoe hij naar iets fijns zocht dat een technische oplossing was.

Janssen zei dan niets en luisterde, de twee armen haast hulpeloos naast zijn lijf, achteruit neigend. Dan weer voorovergebogen, verwonderd, de handen in zijn heupen. Hij luisterde en keek gulzig, laafde zich zwijgend. Dan plaatste hij Zoetes creaties ergens in de kunstgeschiedenis, haakte die vast in een onzichtbaar, zwevend systeem.

Tegen de muur stonden Russische vrouwenschoentjes met een folklorebloemmotief.

14.

De nerschheid van den wind woei dwars door de warmte en zweet- en mestreuk van ’t een door ’t ander deurgat in en uit.

FUT

Ruik hoe terugkeer zaad
Zijn overschot inblaast,

Het land vermaakt,
De lucht vergeeft,

Met aangeklampte fut de vrucht
Beslecht - de plaats grijpt

Van de uitgedreven onderlaag.

15.

Het gaat van kwaad naar erger in het sombere boek, dat ik toch weer had opgenomen. Ik kon het niet opzijleggen. Vina ligt op sterven, Jan is niet in staat haar iets te zeggen. Ook nu ziet en begrijpt hij de dood niet, hij wacht. Als ze sterft, voelt Jan even het verdriet en weent. In de schamele begrafenisstoet kijkt hij naar de natuur rondom, en weet dat die voortaan 'bezeten' zal zijn met Vina's dood.

Dolfs vrouw zal hem wat helpen in het huishouden, omdat boerin Vorster dat zo regelt. Jan blijft gesloten, onverschillig, afkerig. Hij zoekt geen andere vrouw. Hij is afgunstig op Dolf omdat die met de paarden mag werken, en begint hem zelfs te haten. Als er een nieuwe hongersnood komt, duikt zijn grote oude vrees weer op: werkloos ronddwalen, dolen langs de wegen. Uiteindelijk wordt hij landloper. Bedelend belandt hij terug in de oude boerderij waar het boek begonnen was. Hij wordt niet direct herkend als de paardenknecht van vroeger, maar hij krijgt een slaapplek voor de nacht. Hoe het afloopt weten we niet.

16.

Zoete en Janssen kwamen bij mij toe in Het Lijsternest. Zoete droeg een zwart jasje, rode ritspull, een ouderwets geruit hemd en een groen T-shirt. Zijn baard zorgvuldig getrimd, maar zijn streuvelende haar piekte naar alle kanten. Het was de eerste keer dat hij Het Lijsternest bezocht.

Streuvels had dit huis eerst bedoeld als een kleine, schattige, sobere gezinswoning, als een nest dat geborgen zat tussen de bomen die hij er zelf rond zou planten. Ja, als een lijsternest. Hij bedacht het huis met architect Viérin. Het moest een hedendaagse toonvilla zijn zoals in de Arts & Crafts-beweging, teruggrijpend naar de oude vormen van boerderijen in de streek. Het huis werd gebouwd in 1905, maar het groeide met de jaren, conform de wensen van zijn vrouw Alida, het groeiende gezin, en de behoefte aan een aparte schrijfkamer.

Ik toonde aan Zoete het schrijvershuis alsof dat het mijne was. Janssen vulde aan. In Streuvels' bibliotheek, dicht tegen de vloer, in de afdeling Russen, wees ik hem op de verzameling Tolstoj-boeken. Eén boek ging over Tolstojs leven, met fotogravures van zijn tuin, huis en schrijfkamer. Beeld van Tolstoj: de baardige oude schrijver aan zijn tafel, aan de muur een zeis en een zaag. De pose deed me denken aan Streuvels.

De grote Rus Tolstoj en de kleine Vlaming Streuvels deelden hetzelfde pessimisme, conservatisme, fatalisme. Ze verheerlijkten beiden de gesloten boerengemeenschap, de soberheid, en stelden vast dat zowel de boer als de knecht afhangen van de aarde die ze bewerken. Ze hielden beiden van krachtige levensverhalen over conflicten, doodslag, jaloezie, verdrinkingen. Het ging om de heldhaftige nietigheid van de mens, en vervolgens de berusting, de afwezigheid van alle sociale strijd.

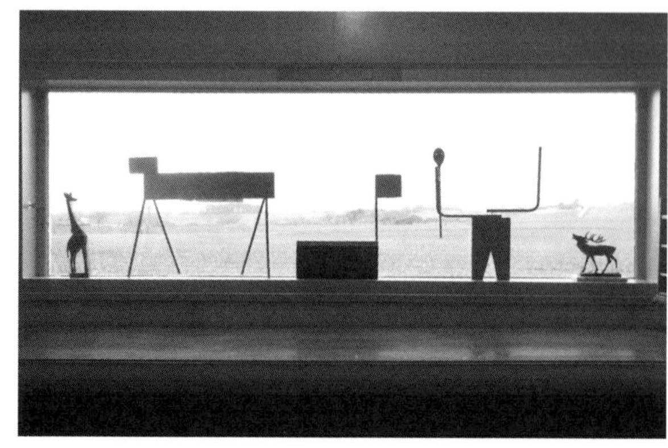

In dat overvolle interieur wees ik de details aan: een paardenschilderij van Matthijs op de overloop, de schilderijen van Saverys en Permeke, de gezinsfoto's op de piano. Wij drieën gingen beurtelings aan de schrijftafel zitten. We waren een zwart silhouet voor het raam, keken neer over het banale maïsveld. Janssen wees nog op een brievenhouder

16.

waarop hetzelfde bloempje geschilderd stond als op de Russische schoentjes in Zoetes atelier.

Ik zag Zoete denken.

In gedachten nam hij voorzichtig kadertjes weg: een Van Gogh-reproductie, Streuvels' pijpen, Congolese pijlen, een Boeddhabeeldje, en hij verving die voorwerpen door kunstwerken van hemzelf. Een landschapje, een maquette, een foto, een portret van een koe. Ik zag hoe hij de maakbaarheid van de wereld maakte.

Ik zag Zoete verder denken. Hij zei: 'Dit willen we allemaal: een onvervreemdbare plaats creëren waar we kunnen zijn wie we zijn. Dat is het afgesloten atelier, de eenzame schrijfplek, het is de boerderij van de boer, en ook het oeuvre zelf van de kunstenaar is dat voor de kunstenaar.'

In gedachten zag ik hem poseren in dit huis, zoals ook Streuvels poseerde in zijn huis.

Ik zag Zoete met een masker op, boven op een stoel, voor het venster staand of schrijvend. Ik zag hem driftig tekenen op dat befaamde raam zelf. Zoete bedacht, verzon, tekende een landschap op het landschap. 'Mijn hand weet meer dan mijn hoofd', zei Zoete. 'Door bezig te zijn ontstaan de dingen.'

Zoals een schrijver schrijft over de wereld, eroverheen, iets tussen hoofdrekenen en dromen.

Zoete wees een schilderij aan met schepen. 'Een schip is ook een geborgen ruimte, een afgesloten plek. Je bent alleen, en tegelijk ben je bezig met een verre, gevaarlijke reis.'

'Hoe ben jij kunstenaar geworden?' vroeg ik aan Zoete. 'Wilde jouw vader ook dat jij boer werd?'

17.

Ik was de chauffeur, het parcours zat al klaar in de gps, en alle drie hadden we Langs de wegen gelezen. We reden eerst over de snelweg. Voorbeeldig gesnoeide middenbermen, spetterende herfstkleur op de bomen langs de wegkant. We dronken koffie in een Deliway-tankstation. Soms citeerden we passages uit Langs de wegen. Zonder scrupules had ik de schoonste zinnen met blauwe vulpeninkt in mijn boekje aangestreept. Zoete idem met zijn potlood, Janssen met een fijn poëtisch rotringpennetje.

Er was file in de buurt van Kortrijk, en vlak bij Menen verlieten wij dan de snelweg, om langs verschillende dorpen richting Ieper en zo verder naar de Westhoek te rijden. Achter Ieper werd het landelijk, met minder huizen nog, en soms leken de schuren boven de stoppelvelden te zweven. Elektriciteitsdraden huppelden op stelten naar de boerderijen. Overal zagen wij de boeren aan het werk; er werd gezaaid, mest gestrooid, de laatste maïs geoogst.

Rondom ons lag de wereld: een spruitkoolveld, een grijze zee van geëgd land, daarover de zure geur van varkensmest. Het was eind oktober, en kraaien verzamelden in de bomen. In dat vlakke land van de Westhoek leek het dat ik loskwam van mijzelf en de somberheid. Onderweg bewonderden we het agrarische vernuft in het landschap: de boerderijen, schuren, loodsen, boerenhuizen en -huisjes, asten. Zoete wees ze ons aan, vroeg mij slingerende betonbaantjes in te slaan, en ik moest eraan denken hoe Stijn Streuvels hier ook ooit rondreed op zijn fiets, begin jaren 1900, om huizen en hoeves te fotograferen, op zoek naar bouwgrond en ideeën, om architect Viérin te briefen. Intussen wist ik plots wat de titel van mijn roman zou zijn: De mensengenezer.

We kwamen toe in het dorp Alveringem, bij de moeder van Zoete. Ze zette kopjes en appelcake op de keukentafel, schonk voor ons koffie uit.

'Het is uitnemend weer', zei ze.

Ze vertelde ons over haar ouderlijke boerderij. Ze noemde namen van oude dorpen en gehuchten: Pervijze, Rousdamme, het kerkelijke Booitshoeke, Scheewege. Thuis hadden ze vier paarden gehad, dertig hectaren, ze boerden op de zware grond van Veurne. Hun boerderij lag achter een dreef van wel zevenhonderd meter.

17.

Toen het plots ging over haar kunstenaarszoon, zei ze: ‘Ge kunt niet anders.’

Haar zoon verduidelijkte: de kunstenaar kan niet anders dan kunstenaar zijn, en de ouder kan niet anders dan dat zien. Zijn moeder knikte. Ze was alleen ongerust geweest toen hij langs de straatkant zijn mestblokken maakte, ‘de mensen kennen dat hier zo niet’.

Achter haar hing een precieuze tekening van kraaien en kauwen, en in de gang een van koeien. In de woonkamer twee klassieke landschappen, met wilgen, populieren, de fijne sporen van het eggen. Ze zei over haar zoon: ‘Ge moet het maar bedenken.’ ‘En het dan nog doen ook, telkens opnieuw’, voegde ze eraan toe. ‘Wil je nog wat appelcake?’ besloot ze.

Het Zwanenhof, zo heette hun boerderij. Op het erf werd Zoete onmiddellijk aangeklampt door de vier zoontjes van zijn broer, die daar rondliepen. Er lag een immense stapel populierenhout, gekliefd en afgedekt met een grote witte bache. Vader Zoete toonde ons de schuur van 1920, de stal voor 36 koeien, en achter het huis een vijver. Vroeger zat er vis en paling op, maar reigers hadden die leeggehaald. Verderop stond de mikke, een groot afdak dat vooraan en achteraan open was, en daarvoor stond zijn oude Ford-tractor.

Vader Zoete droeg een witte pet, en mij viel op dat zijn trui ook datzelfde niet-modieuze, kleine bruinrode ruitjesmotief had als die van zijn zoon, en beiden droegen een jasje over een trui over een hemd. Zoon Zoete wees ons de schuur aan waar hij als zeventienjarige zat te tekenen op voederzakken.

Een verre hond blafte drie keer schor. Boven ons zwermden flikflakkende kraaien, in nerveuze luchttekeningen. Als honden snoven wij aan de avond. We proefden de kille, vochtige herfst.

‘De zwarte kraaien kringvleugelden zoo stilzwijgend over ’t veld en vielen op de witgesneeuwde mesthoopen’, zo had Streuvels dat beschreven.

Speels en plagerig zei vader Zoete: ‘Zullen we nog wat klieven?’, en zijn oudste kleinzoon sprong al op de tractor, startte de motor. De kliefmachine achter de tractor schoot in werking. Vader Zoete bediende de hendel, en zijn kleinzonen plaatsten de blokken hout ertussen.

17.

Met de drijfstang duwde de machine telkens het blok hout tegen de scherpe bijl. Moeiteloos spleet het populierenhout, soms twee of drie blokken ineens.

Zoete bezag hen: zijn vader, zijn broer, diens zonen en enkele buurjongens, en er zat een immense lustigheid in hun gezamenlijke werk en het tractorlawaai. Feestelijk droop en spatte het boomsap uit het verse hout.

Mijn vriend Zoete, tussen al die andere Zoetes, keek toe. Zijn vader trok hem dichterbij. Beiden hadden dezelfde lach.

We reden terug naar huis langs de wegen. We waren lang onderweg geweest, het was verder geweest dan ik dacht.

We waren intussen op de laatste pagina's van Langs de wegen beland. Streuvels bouwde na het schrijven van dit boek zijn huis, Het Lijsternest. Het was zijn werkruimte waar hij zijn schrijversleven opnam en beheerde, altijd wat nukkig en wantrouwig. Ik begreep: een huis is een mens, en een mens wordt ook zijn huis, zoals een boer zich een boerderij bouwt. Zijn huis was een kunstwerk, en in het kunstwerk denken we te begrijpen hoe de wereld in elkaar zit. En vervolgens trachten wij onszelf te begrijpen.

Ik hoorde dorpsklokken, en ergens in het dorp speelde een kind op een melodica, of was dat nu een orgeltje op de radio, of een montere ringtone van een mobieltje? Het klonk erg licht.

Dit is een aangepaste versie van de tekst van een lezing die gehouden werd in mei 2017 voor het Streuvelsgenootschap. Alle citaten van Streuvels komen uit *Langs de wegen* van Stijn Streuvels. Het proza is van Koen Peeters, de gedichten van Bart Janssen, tekeningen en foto's van Dirk Zoete. Zij drieën maakten een dagtocht in Oost- en West-Vlaanderen eind oktober 2016, samen met Tom Houtman, conservator van *Het Lijsternest*. Koen Peeters en Bart Janssen verbleven in *Het Lijsternest* in februari 2015.

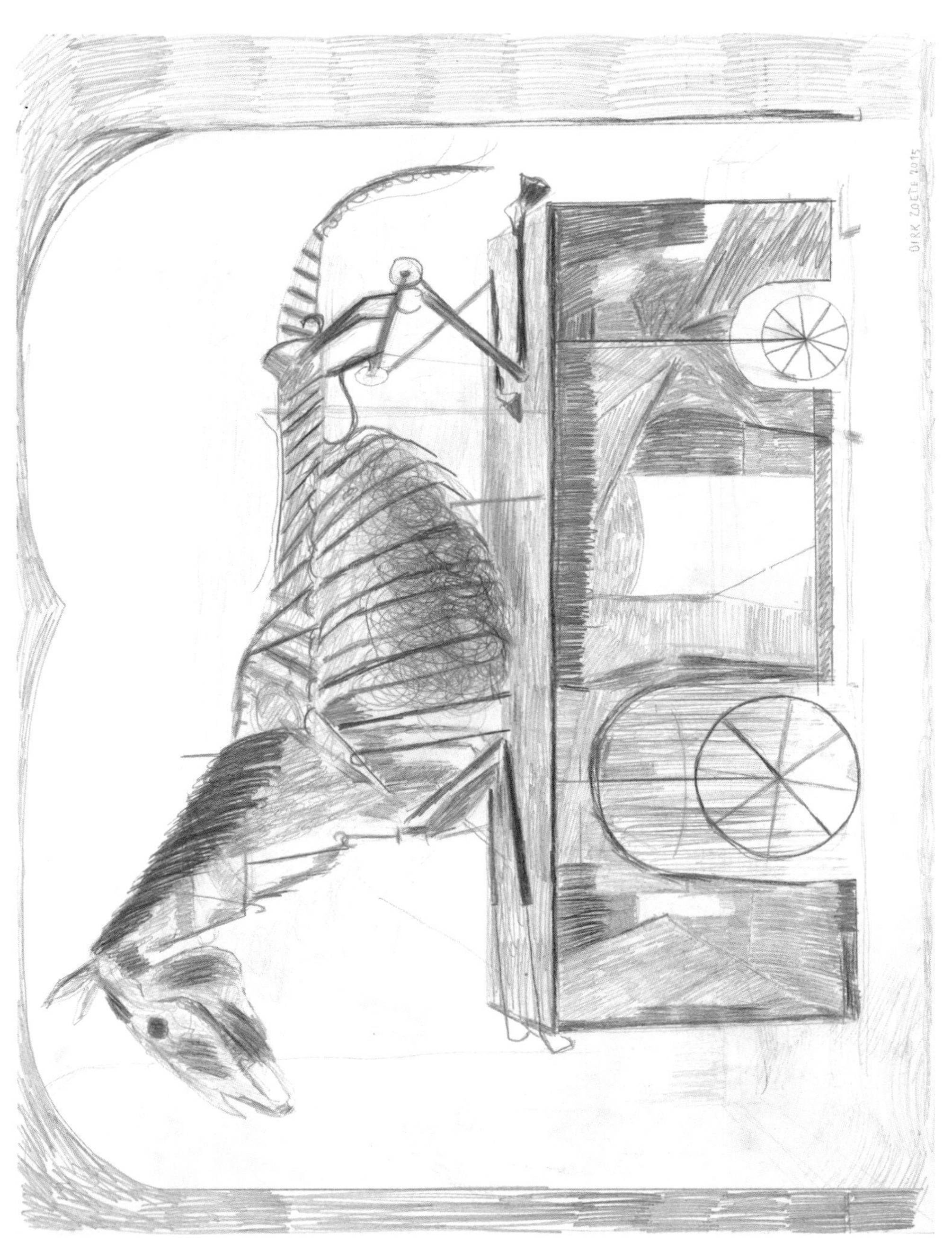
DIRK ZOETE 2015

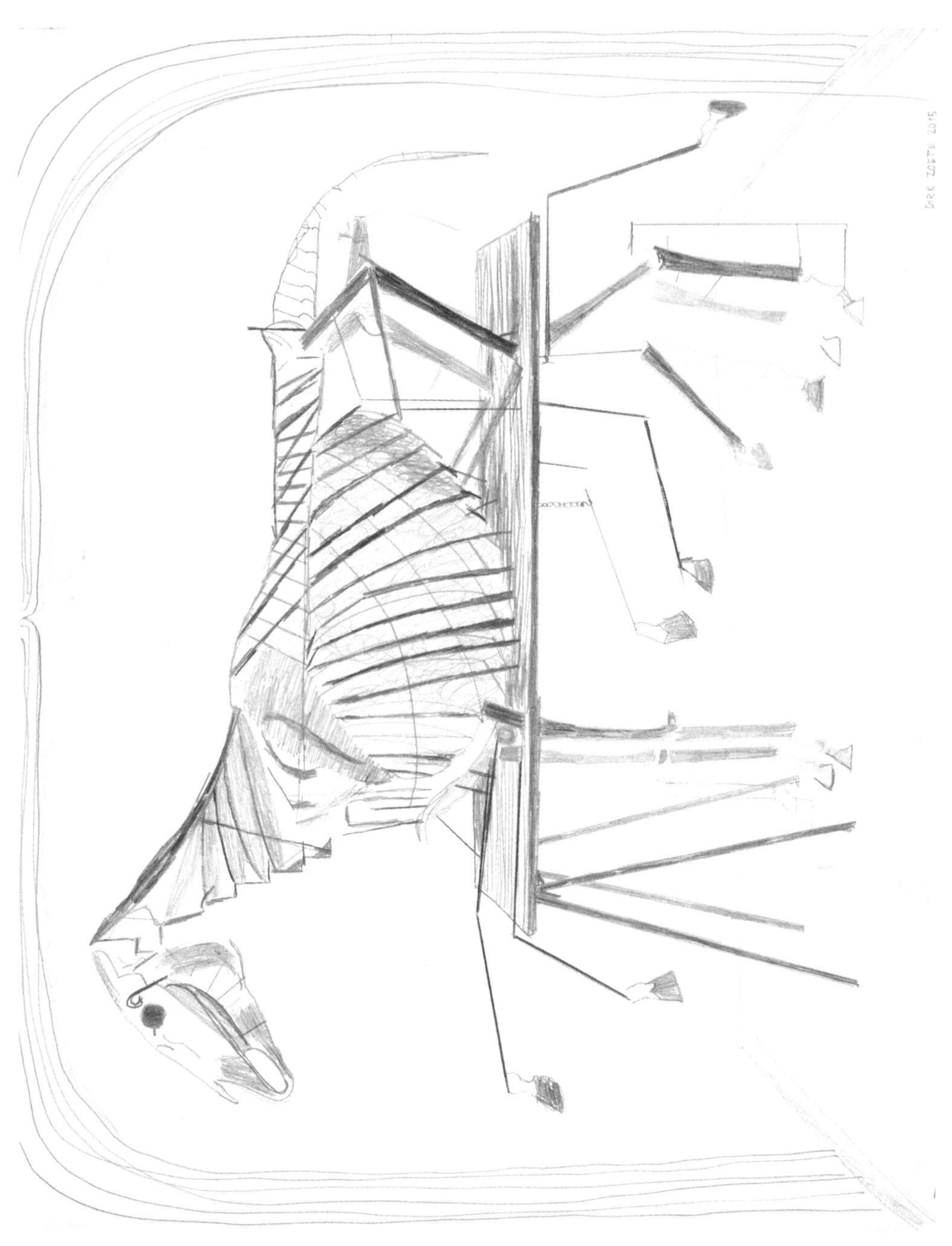
DIRK ZOETE 2015

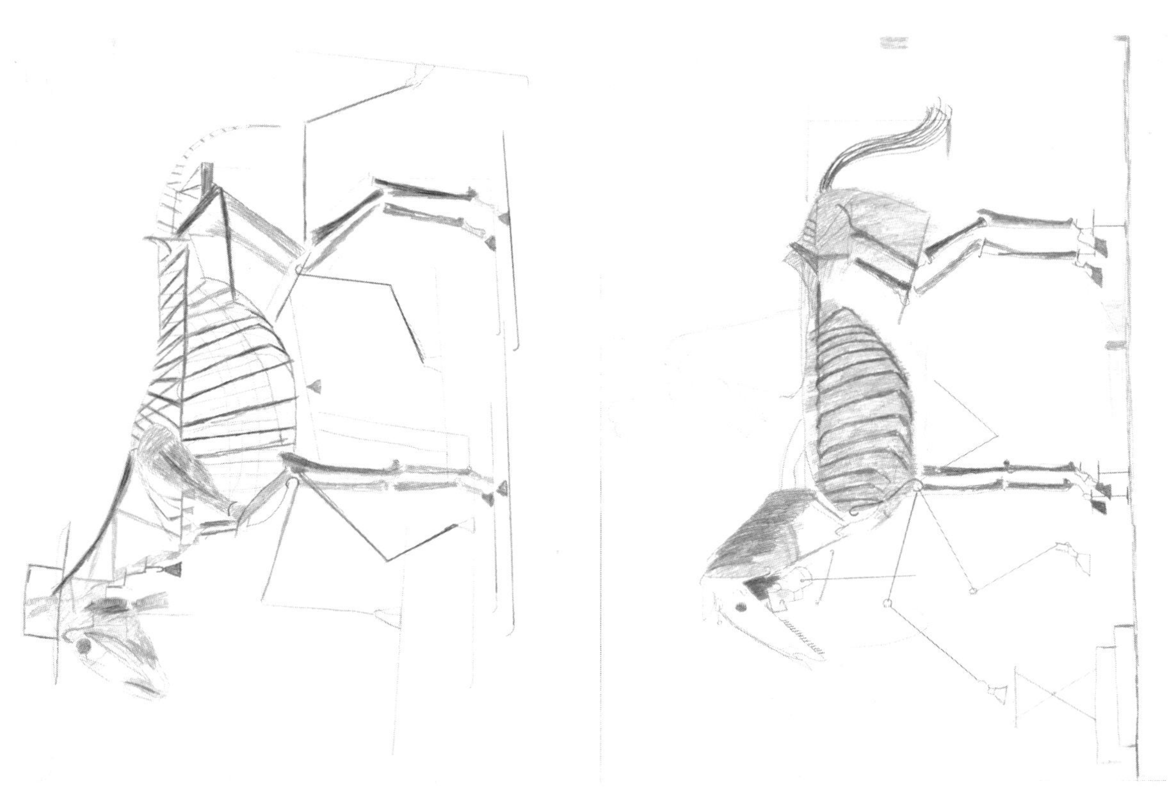

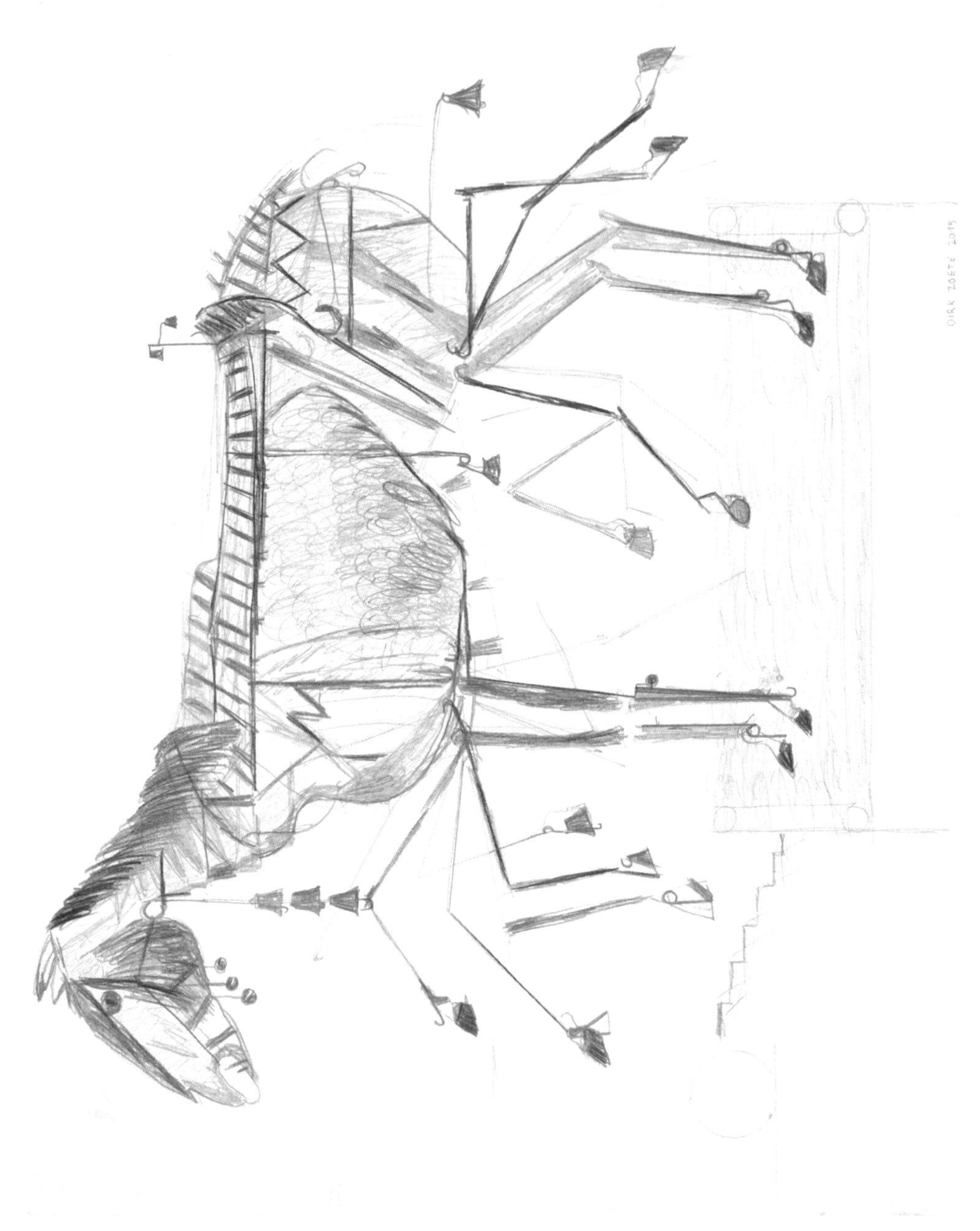
DIRK ZOETE 2015

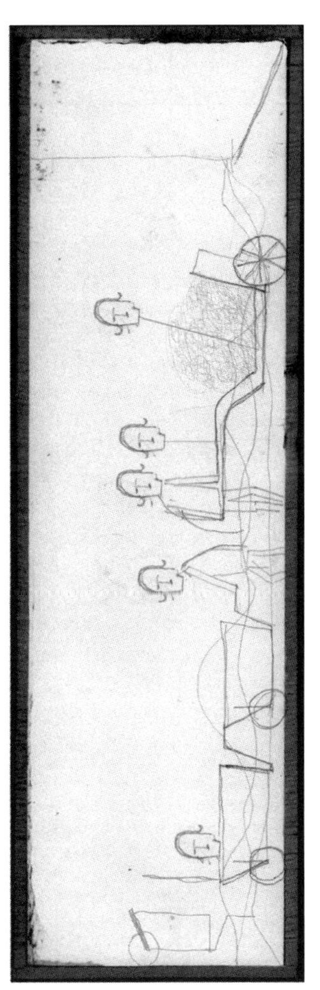

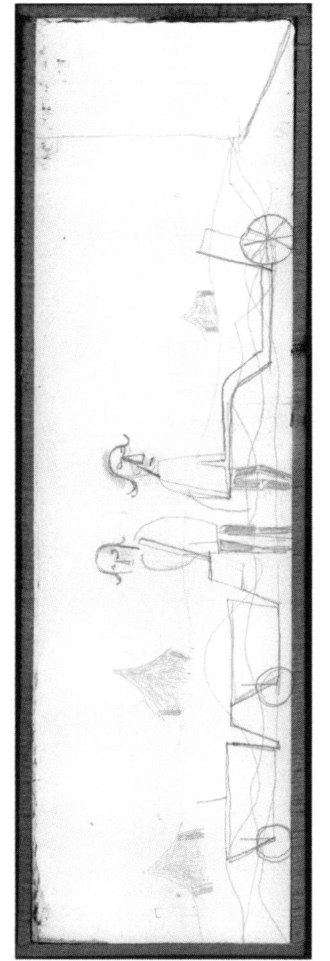

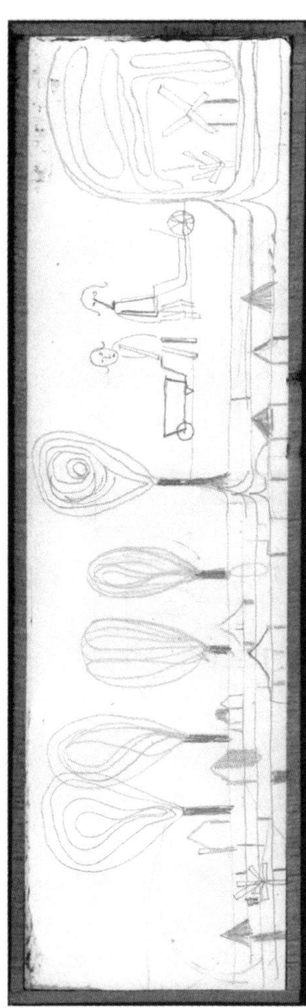

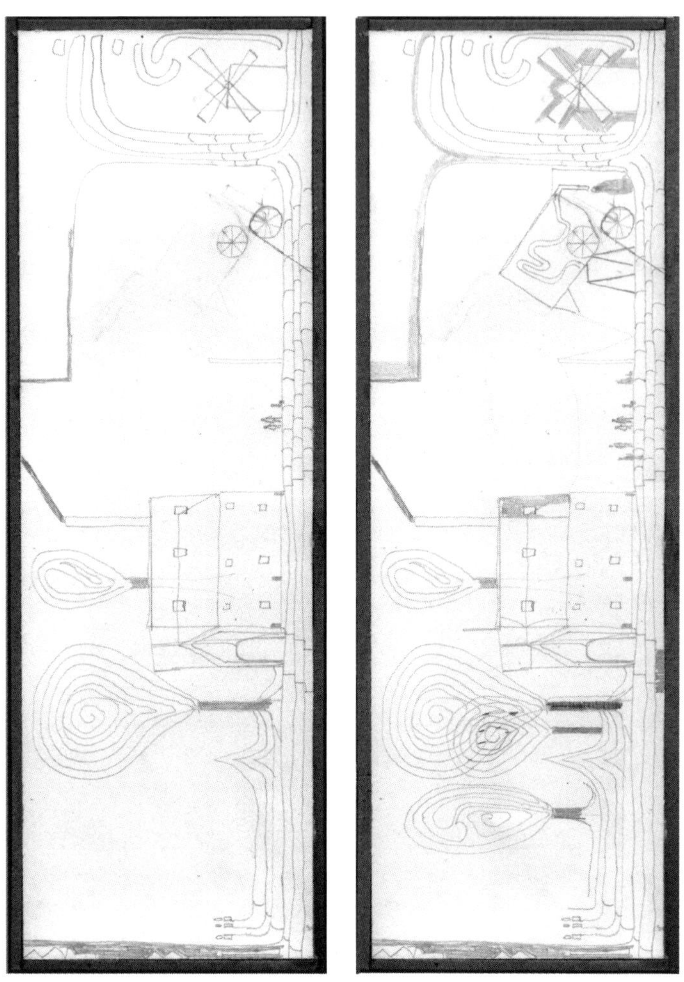

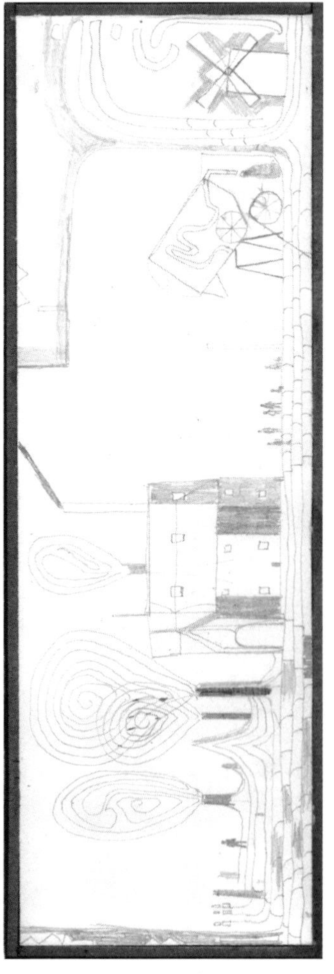

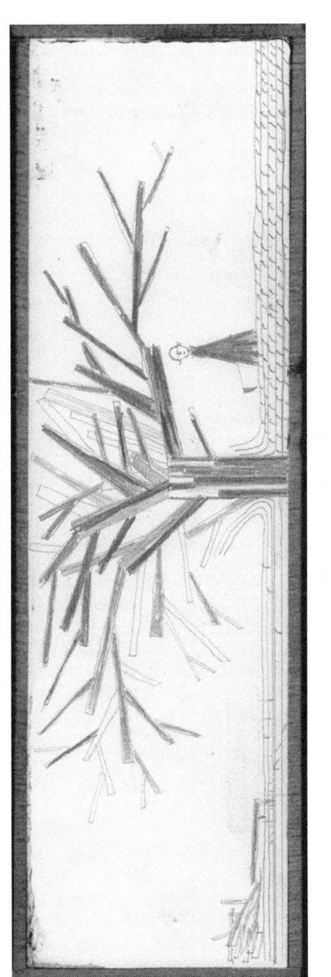

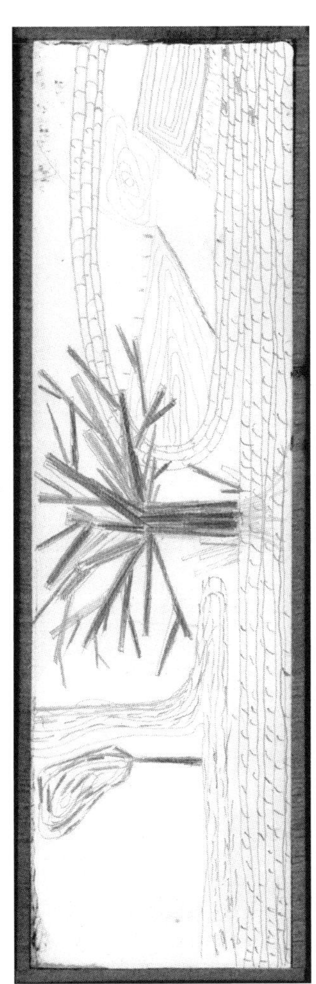

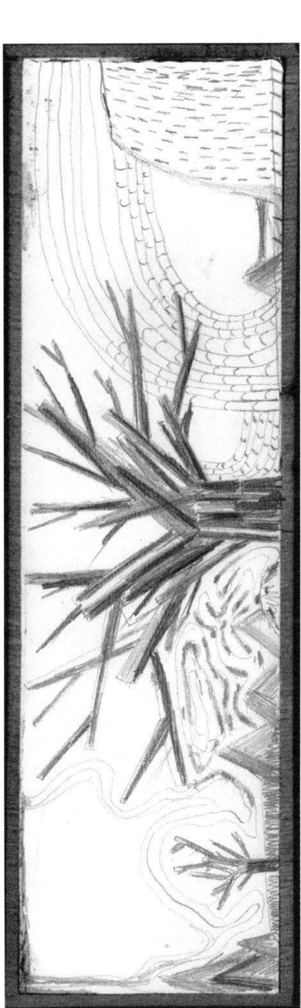

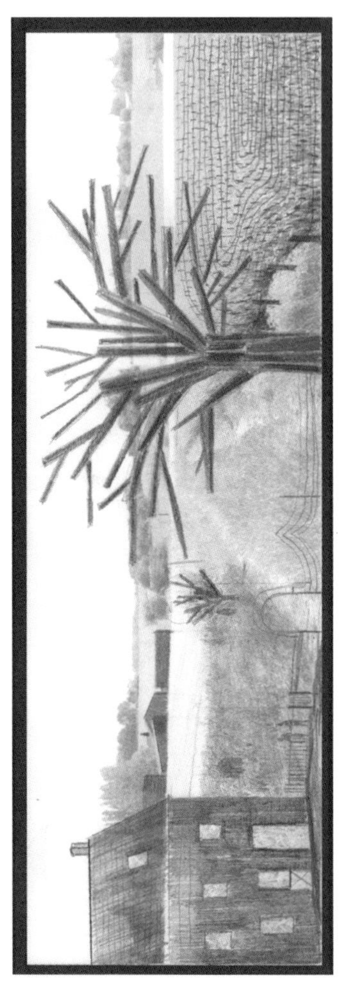

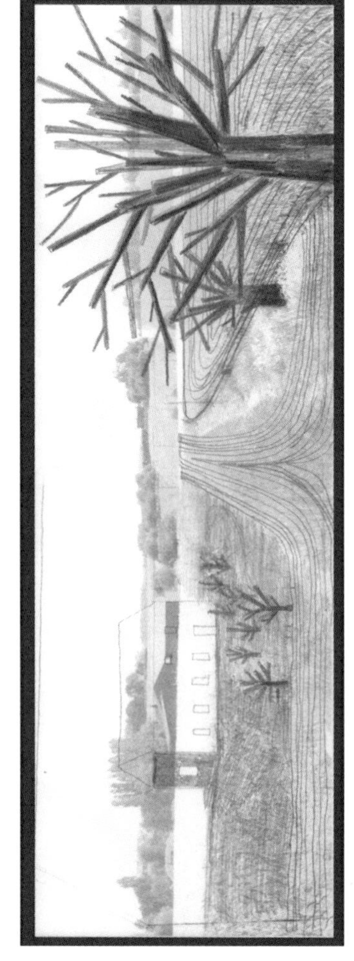

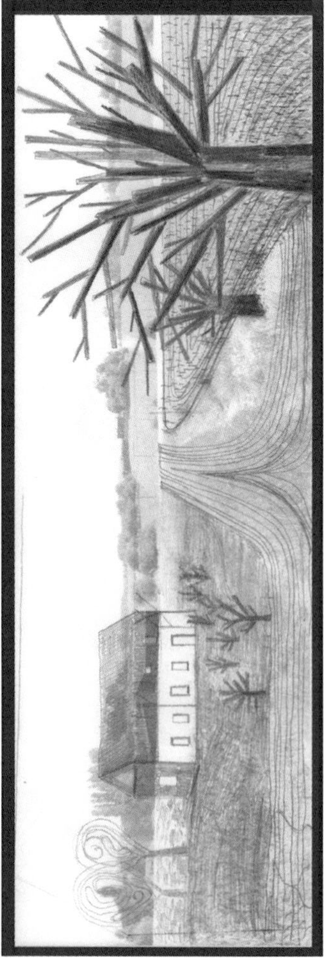

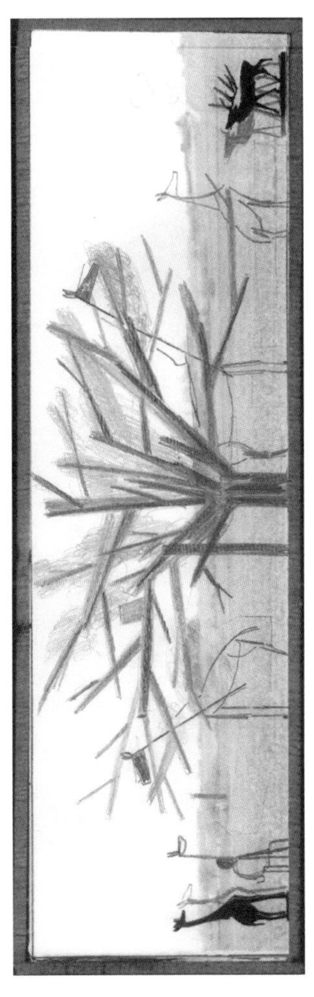

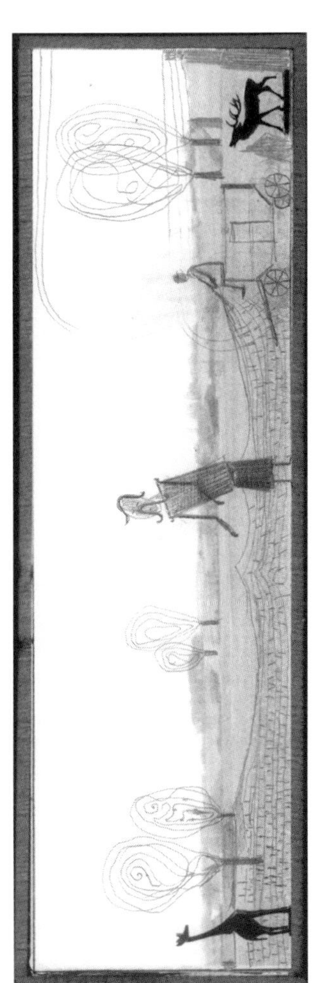

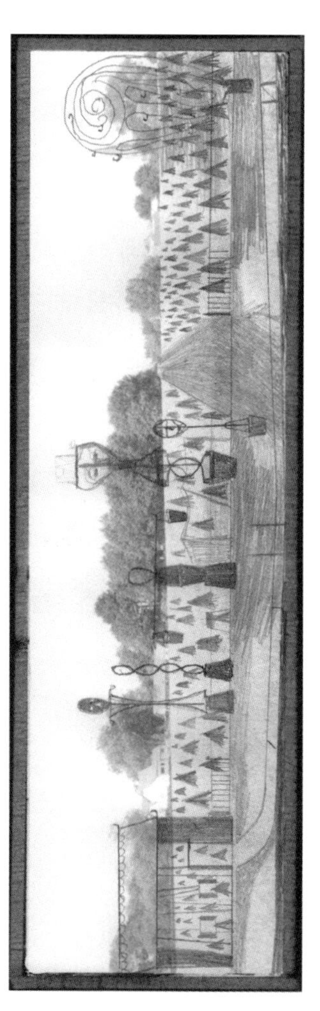

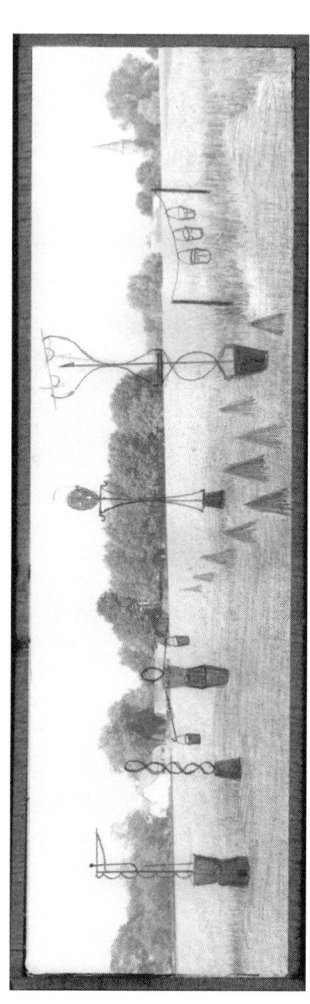

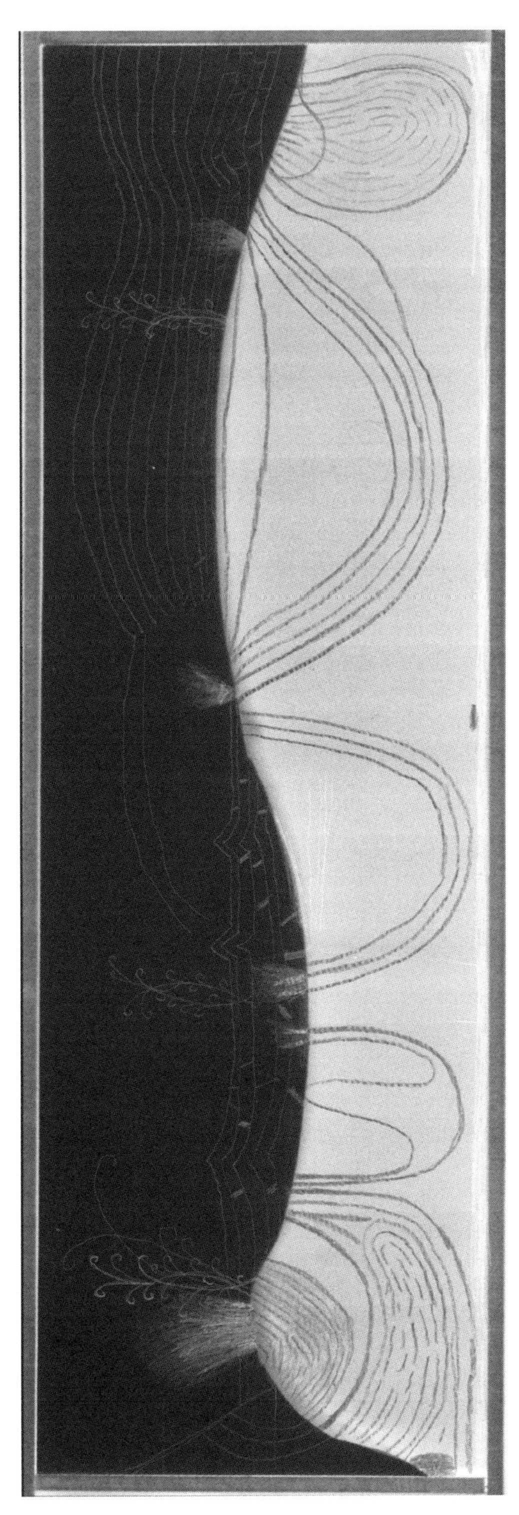

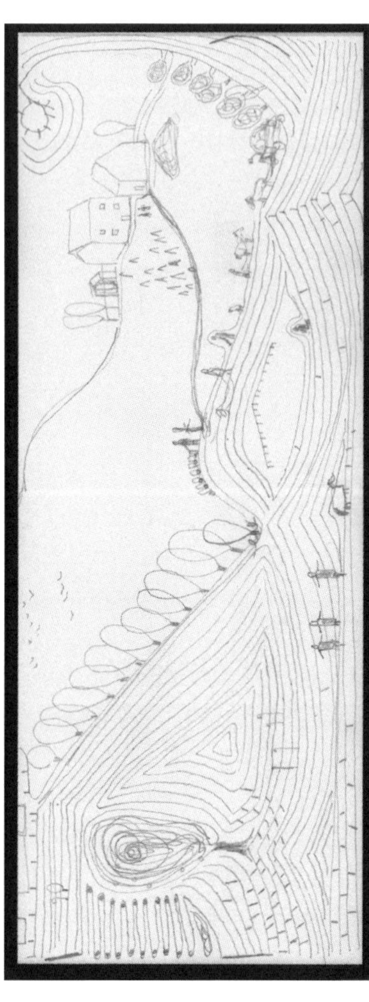

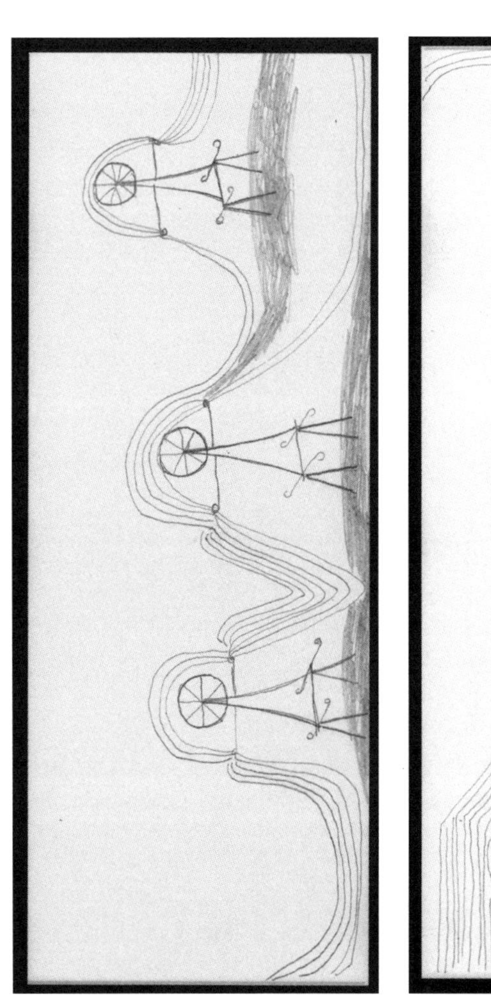

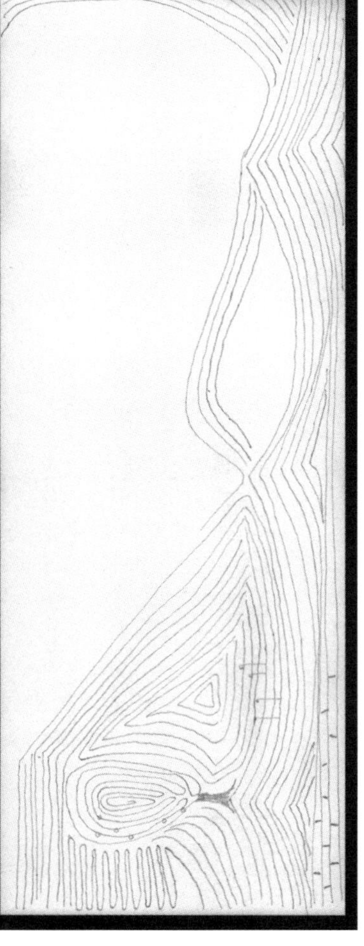

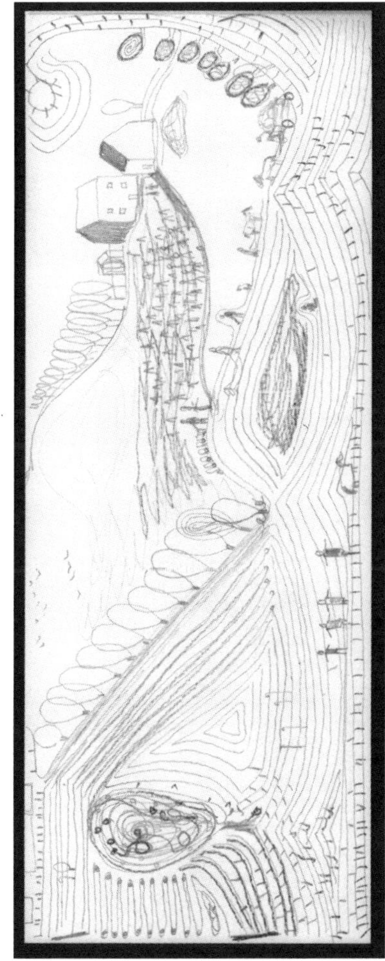

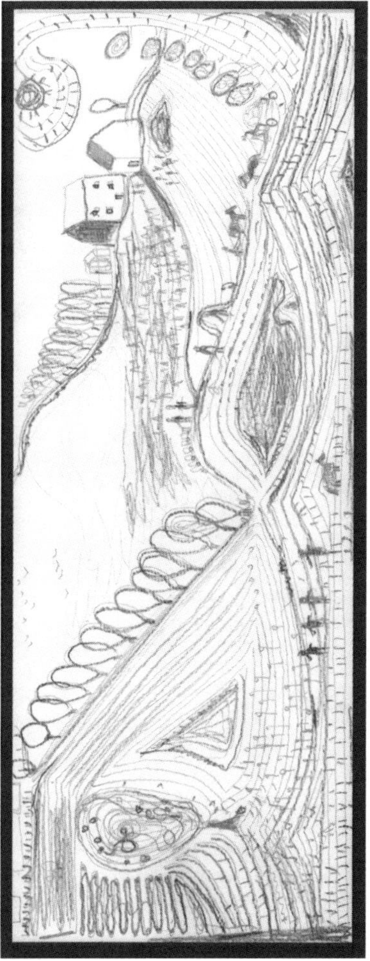

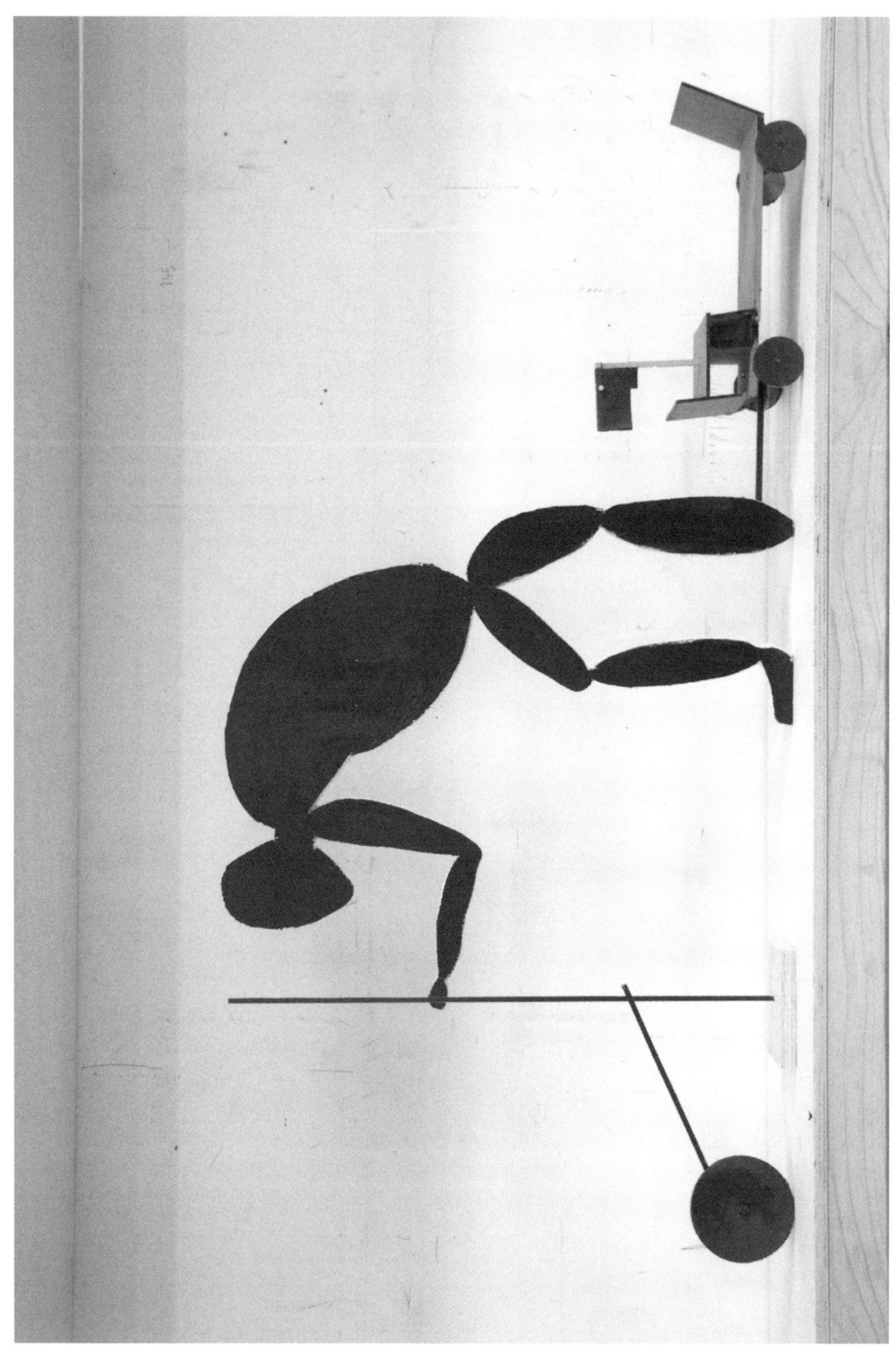

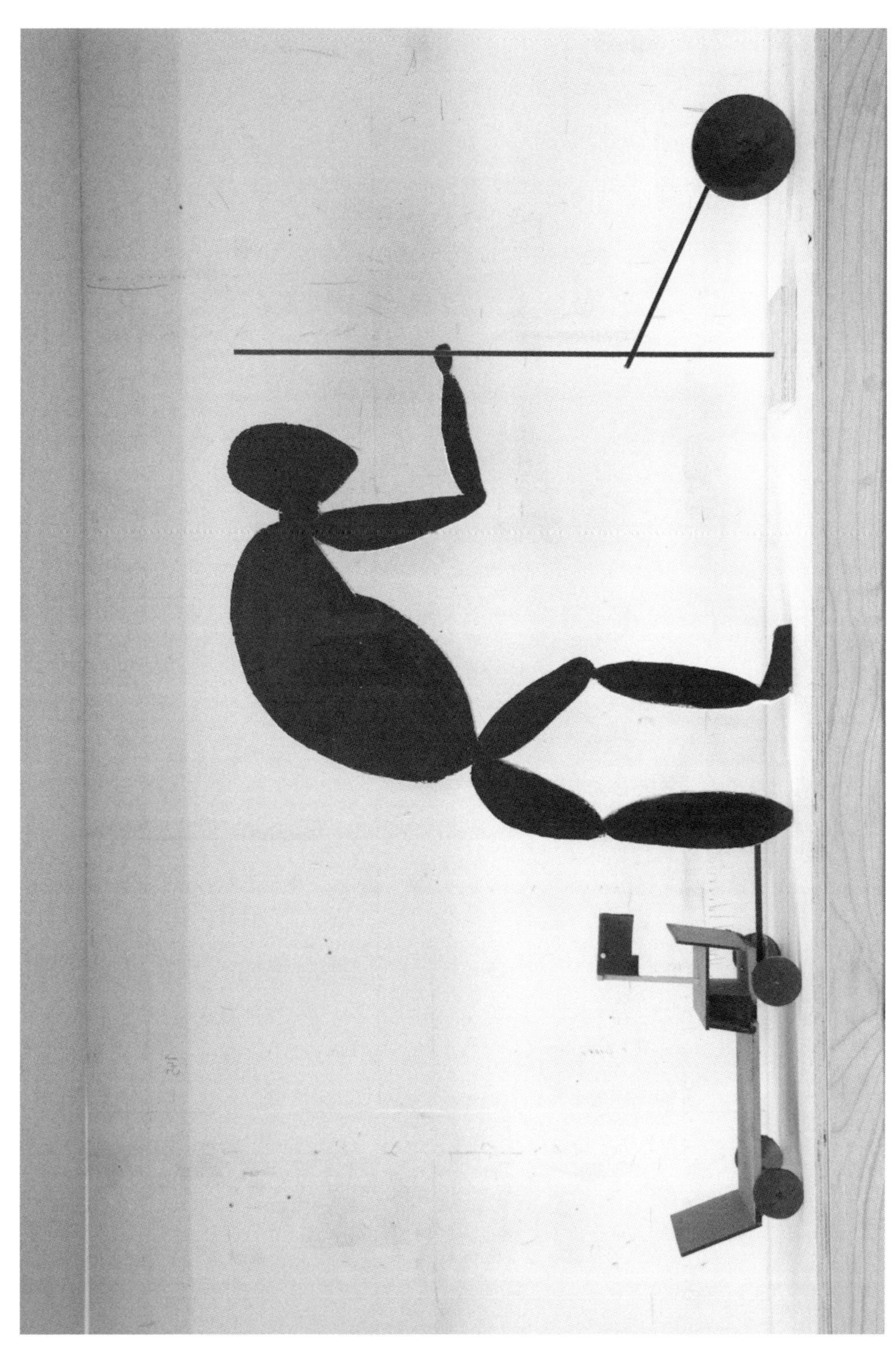

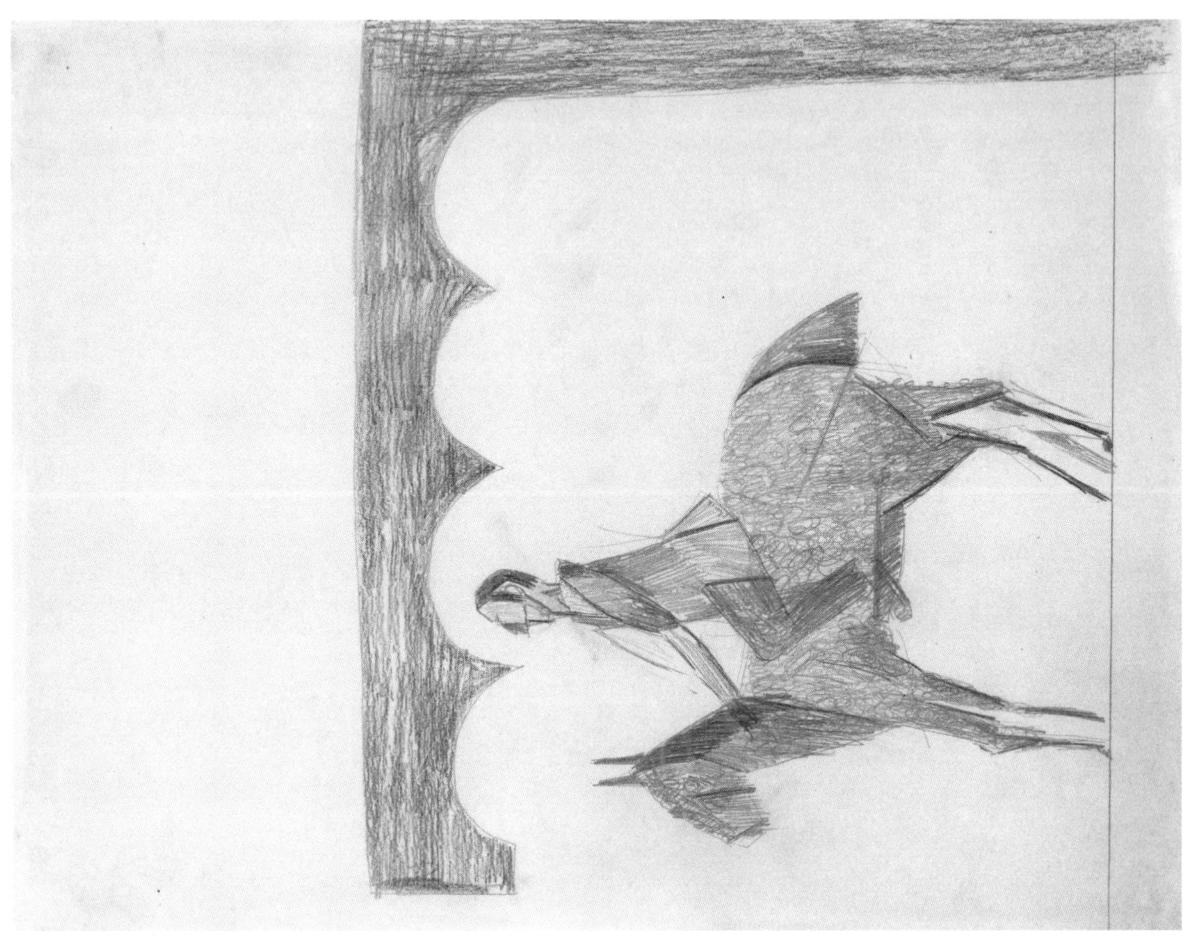

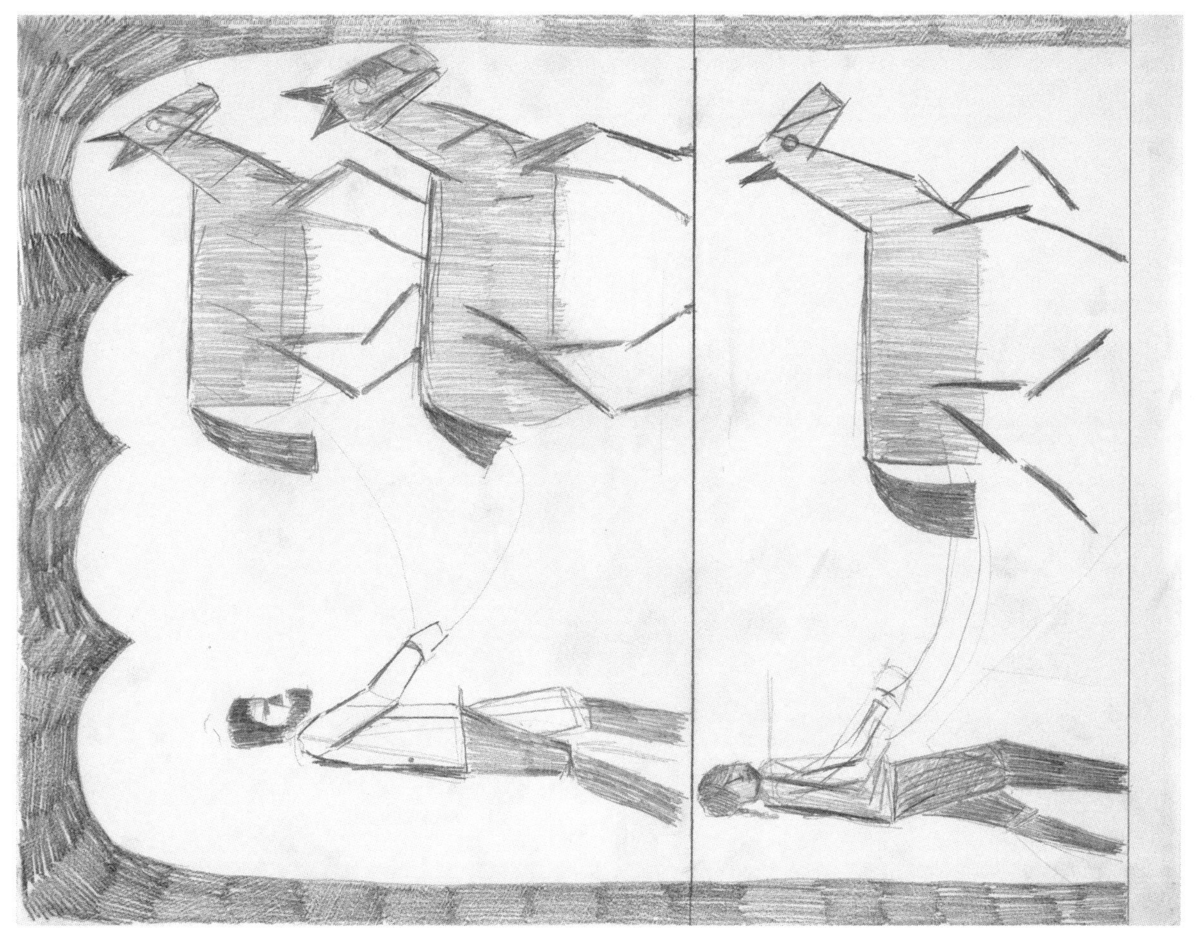

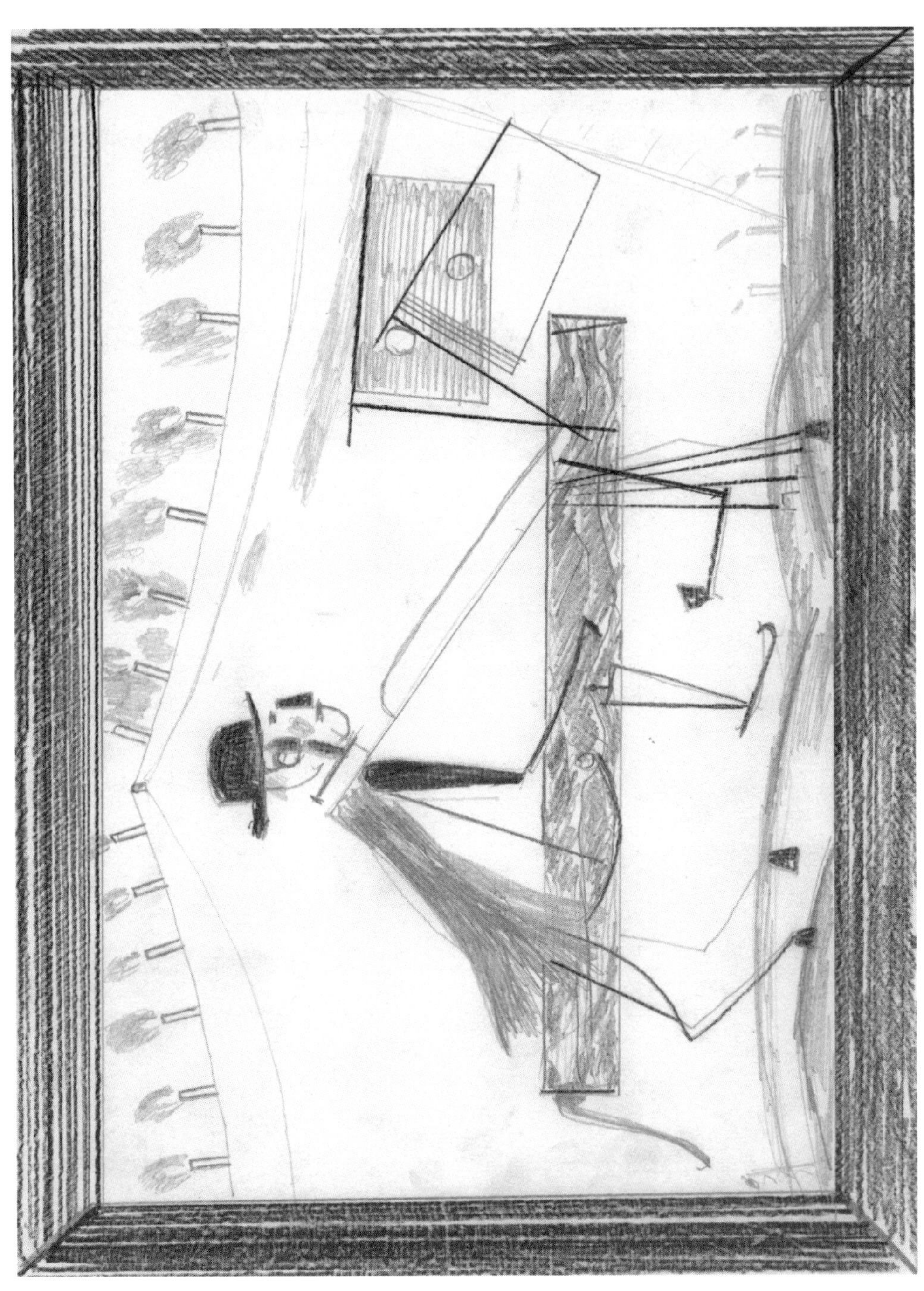

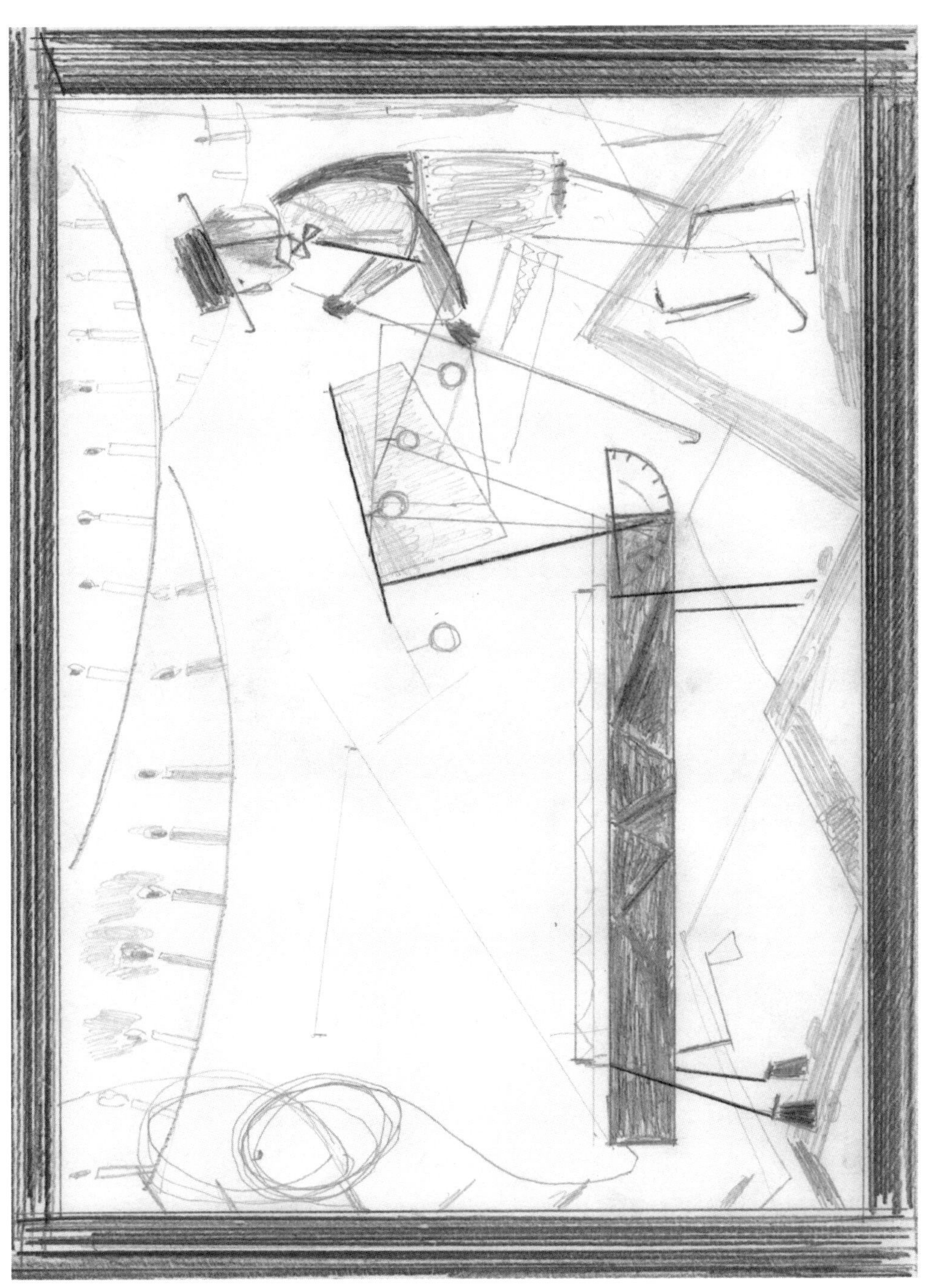

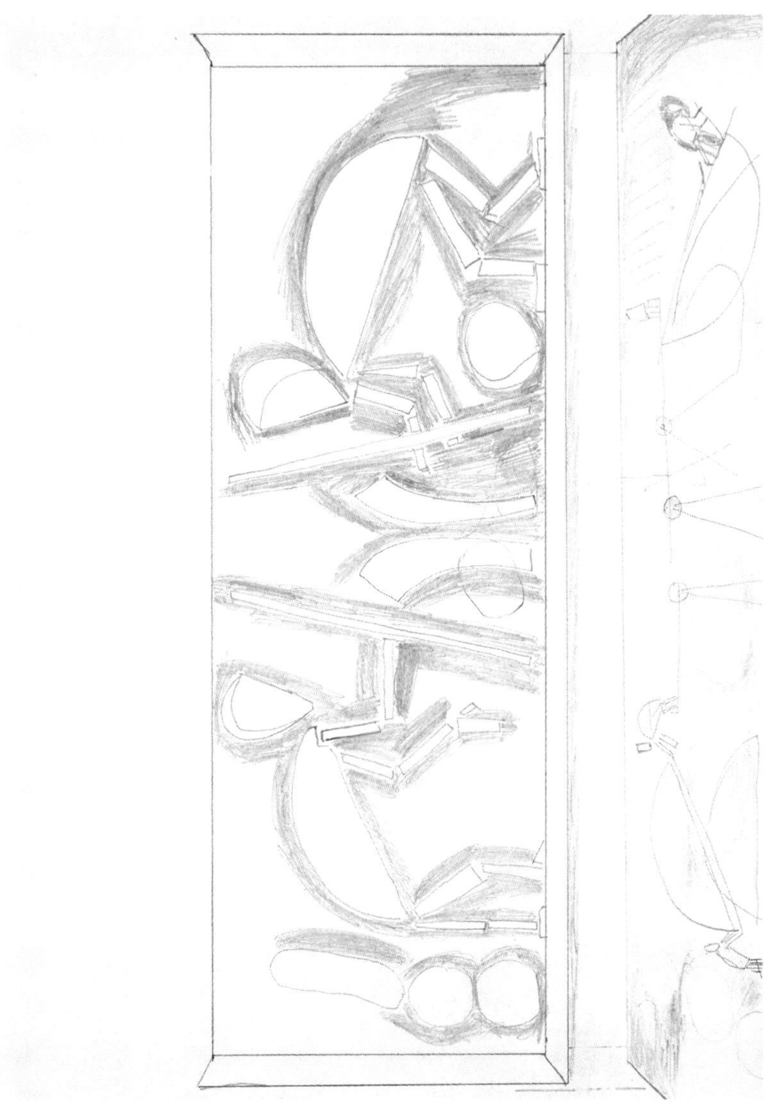

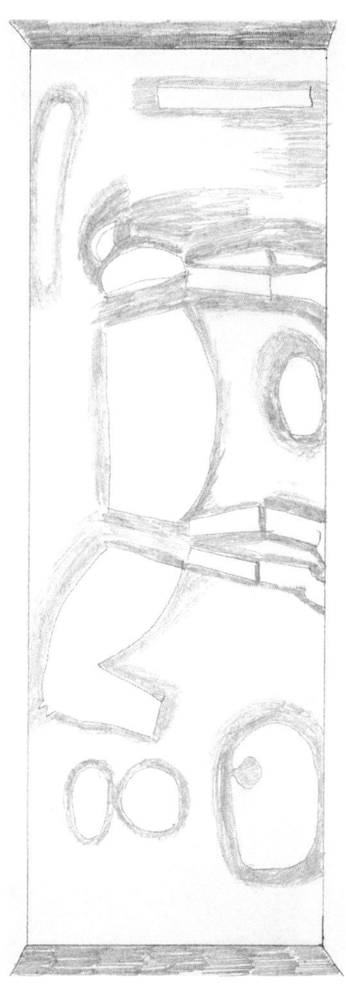

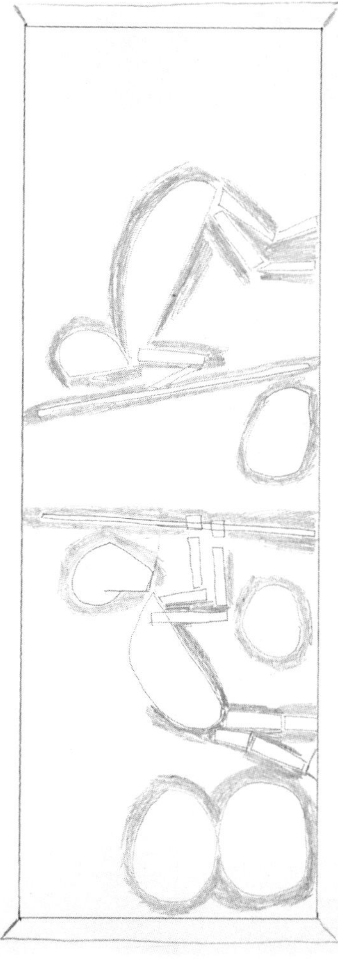

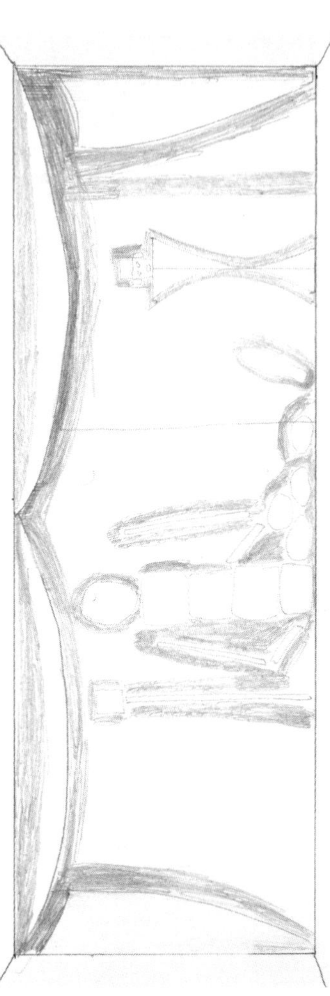

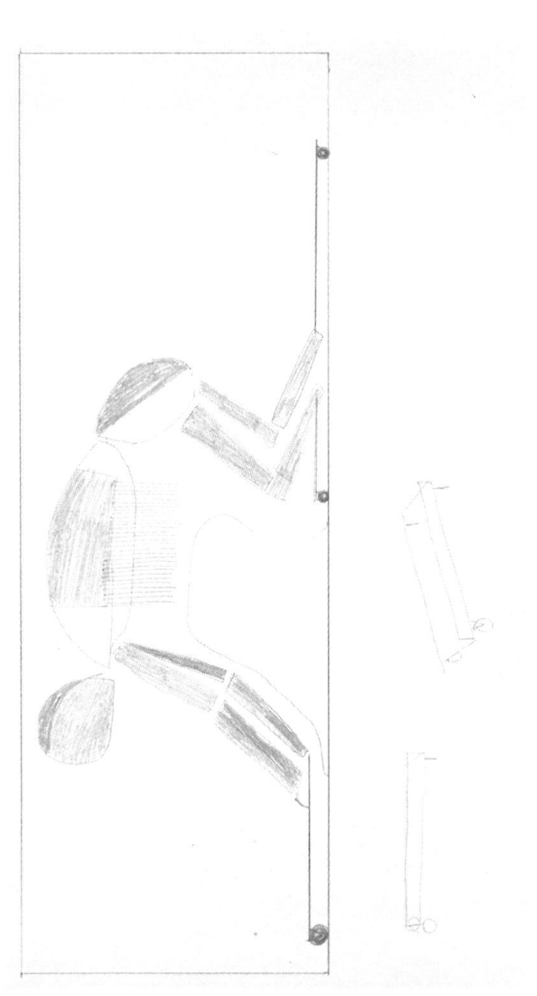

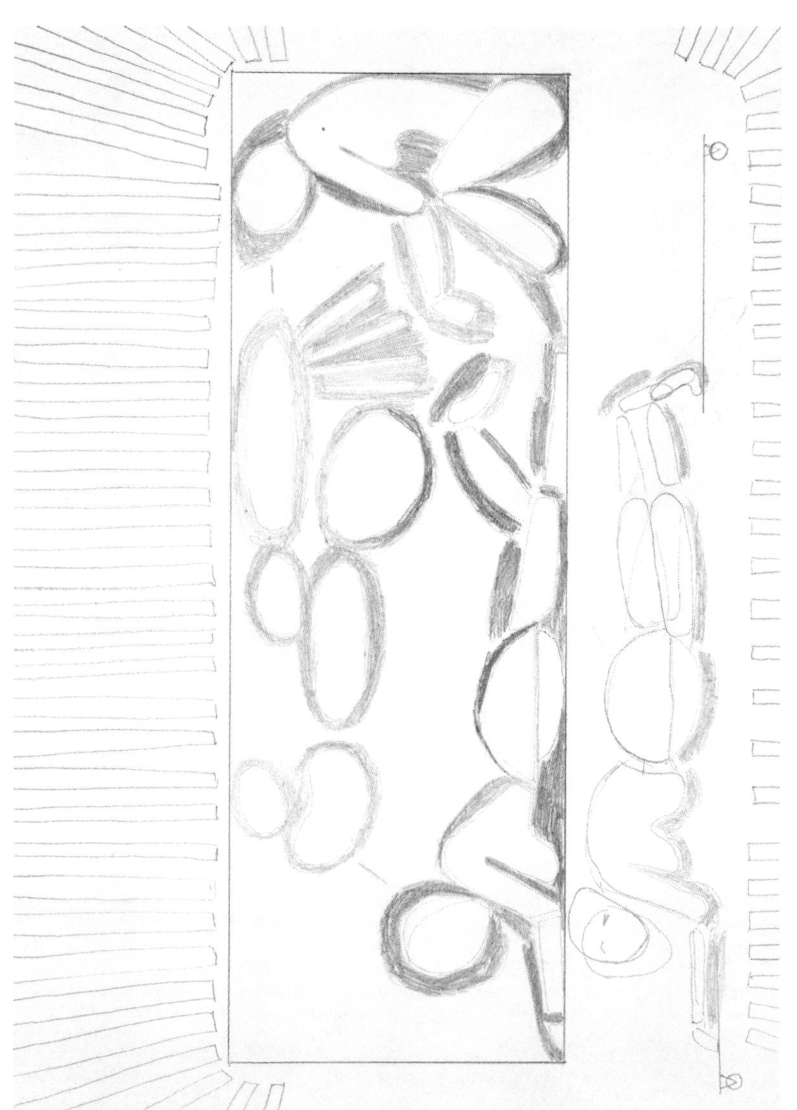

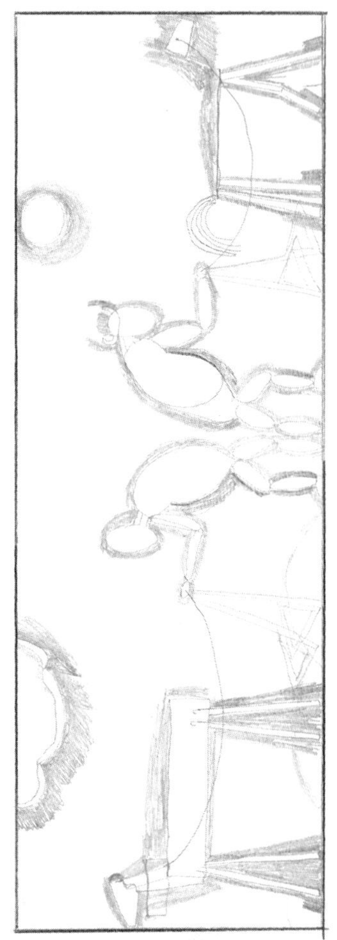

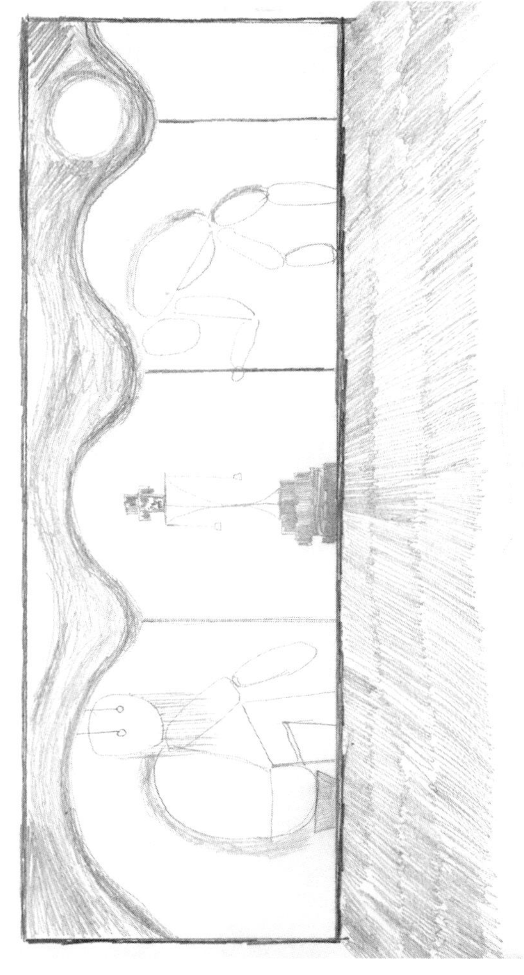

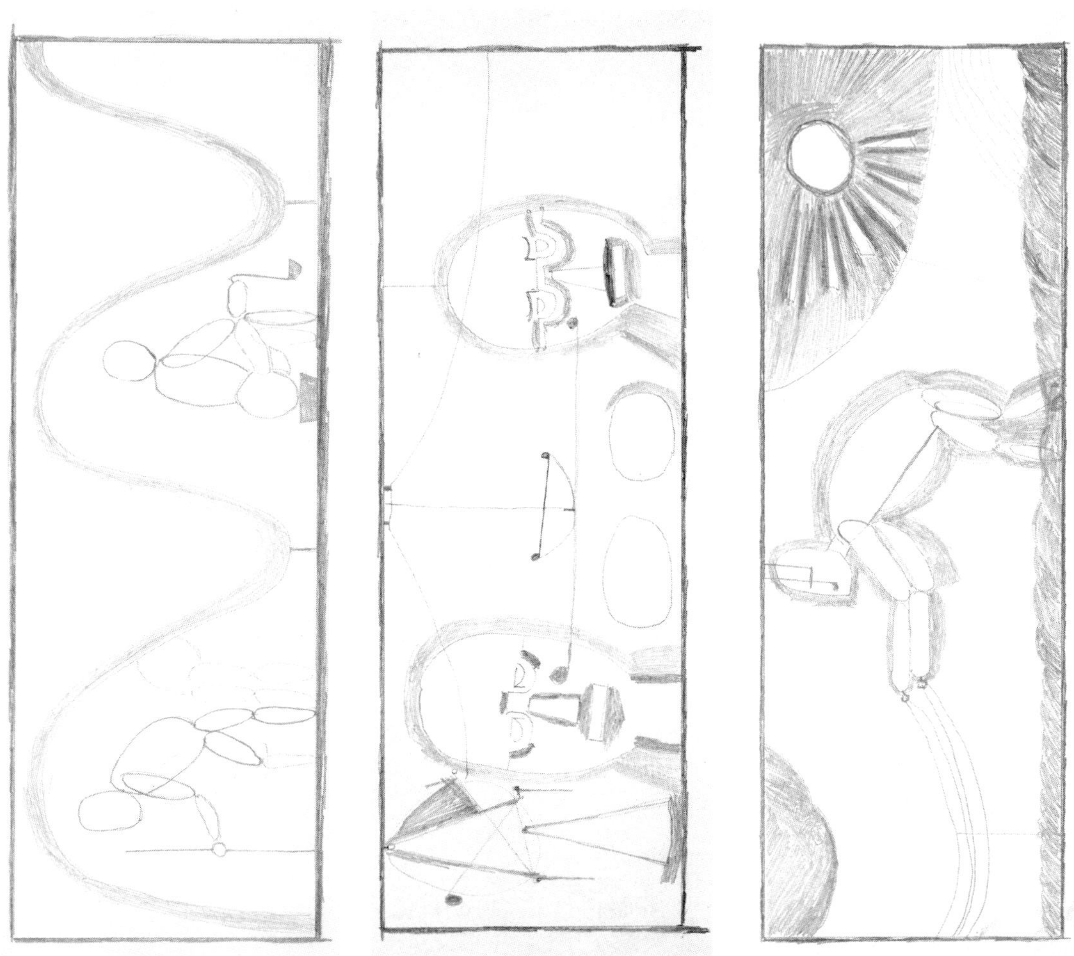

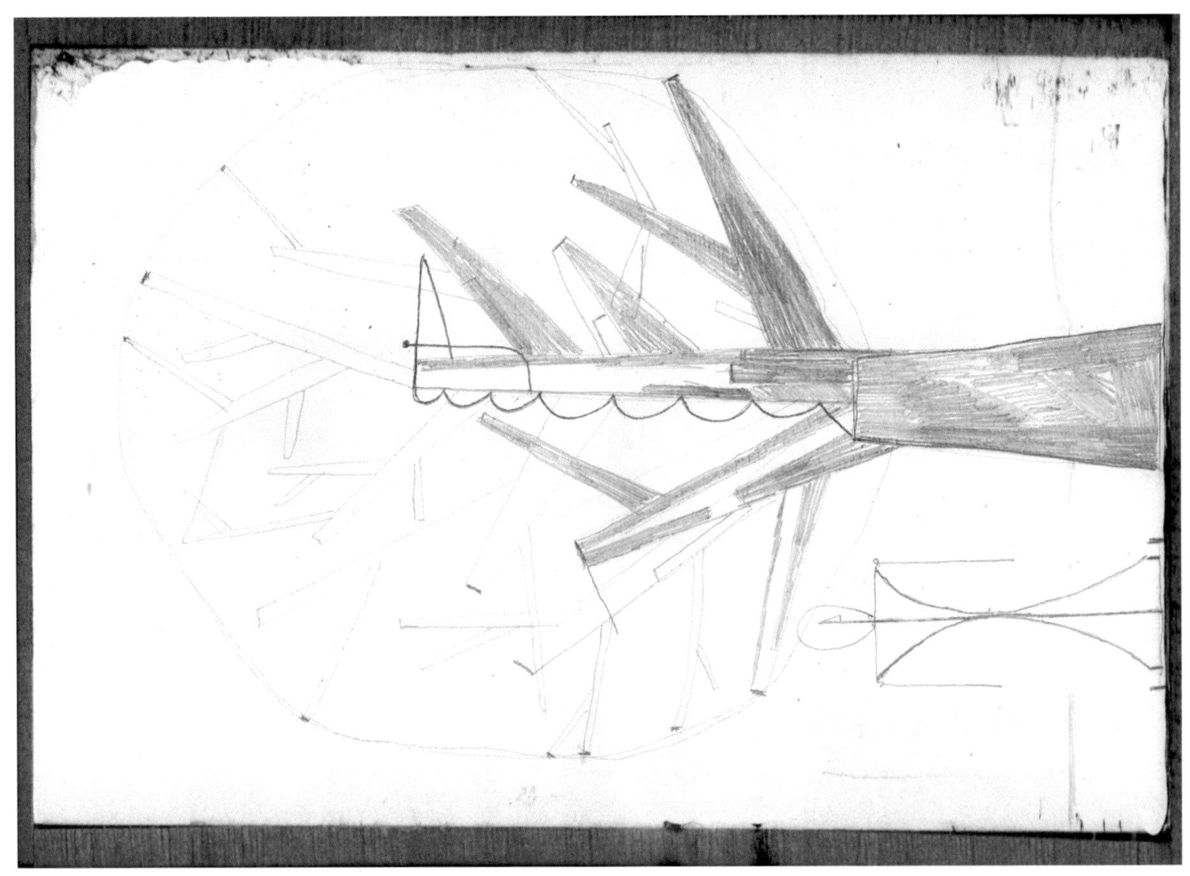

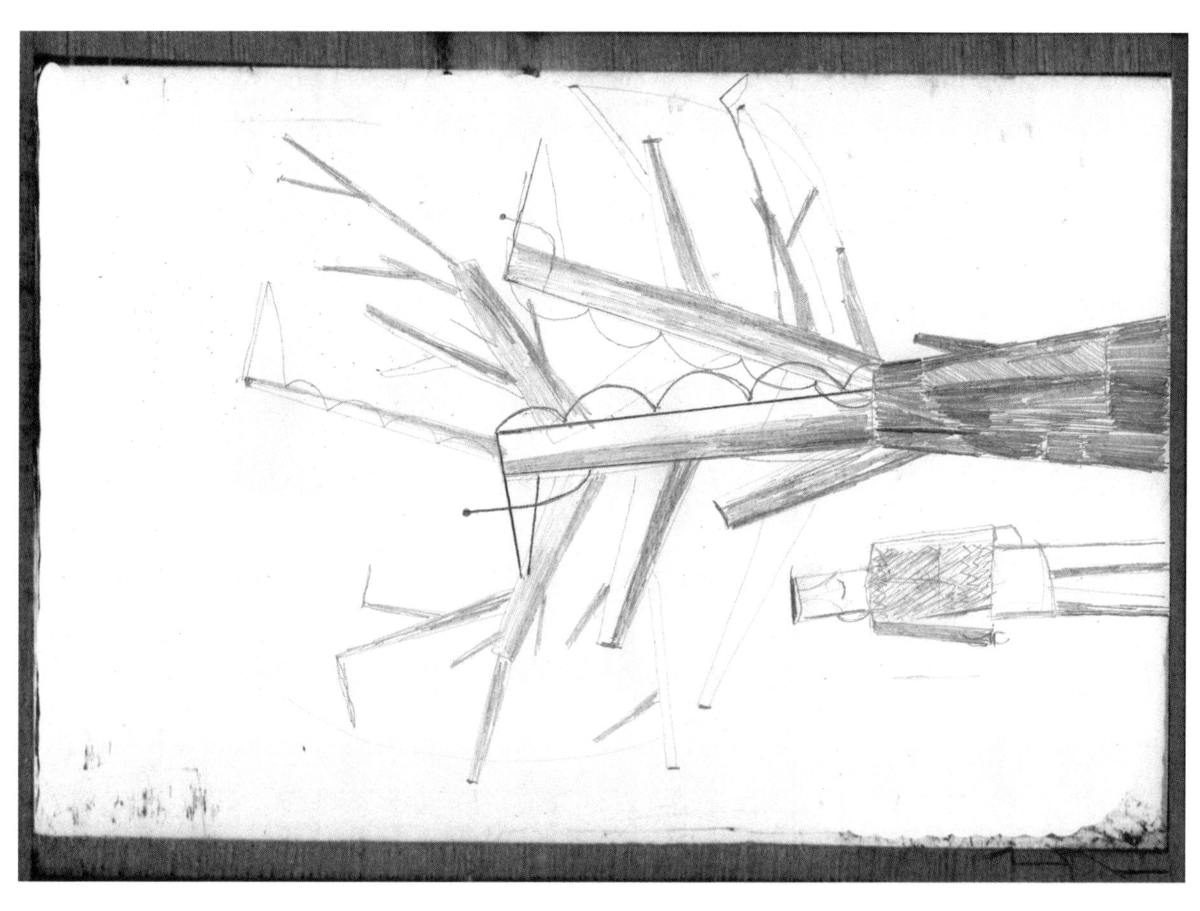

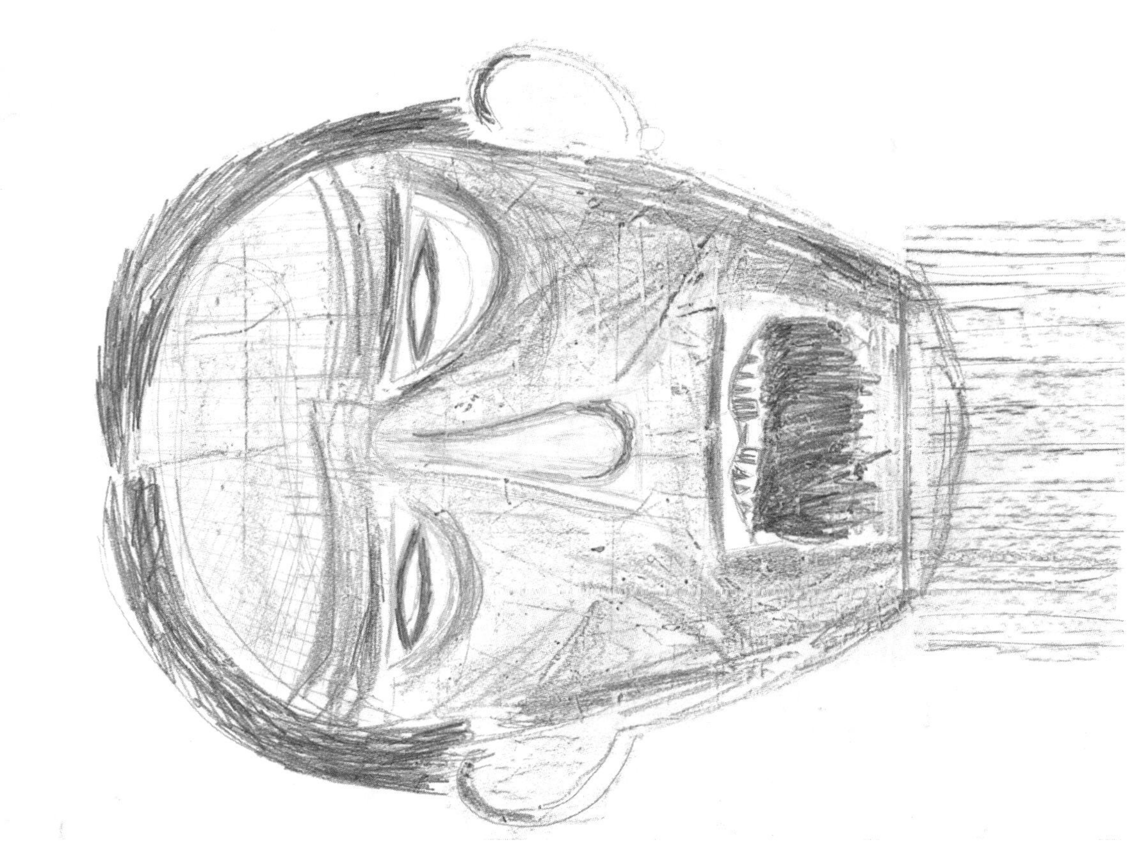

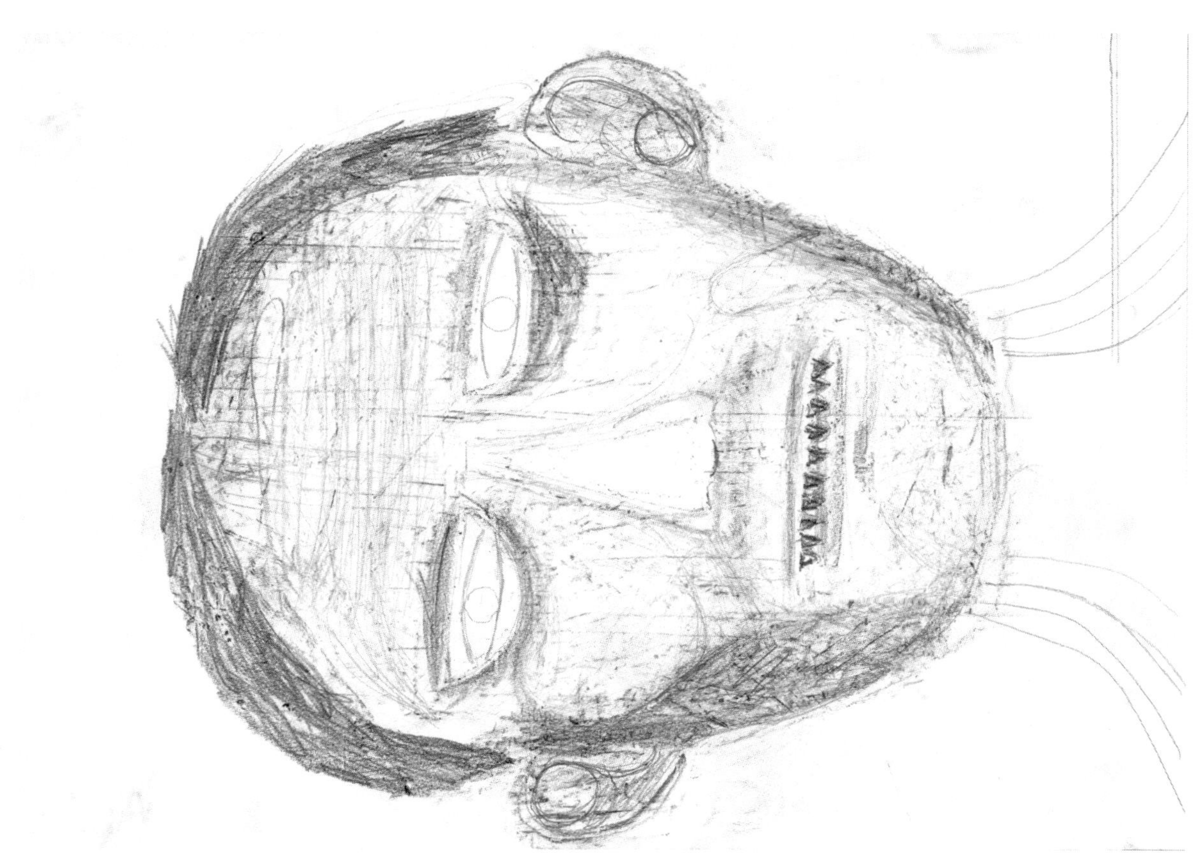

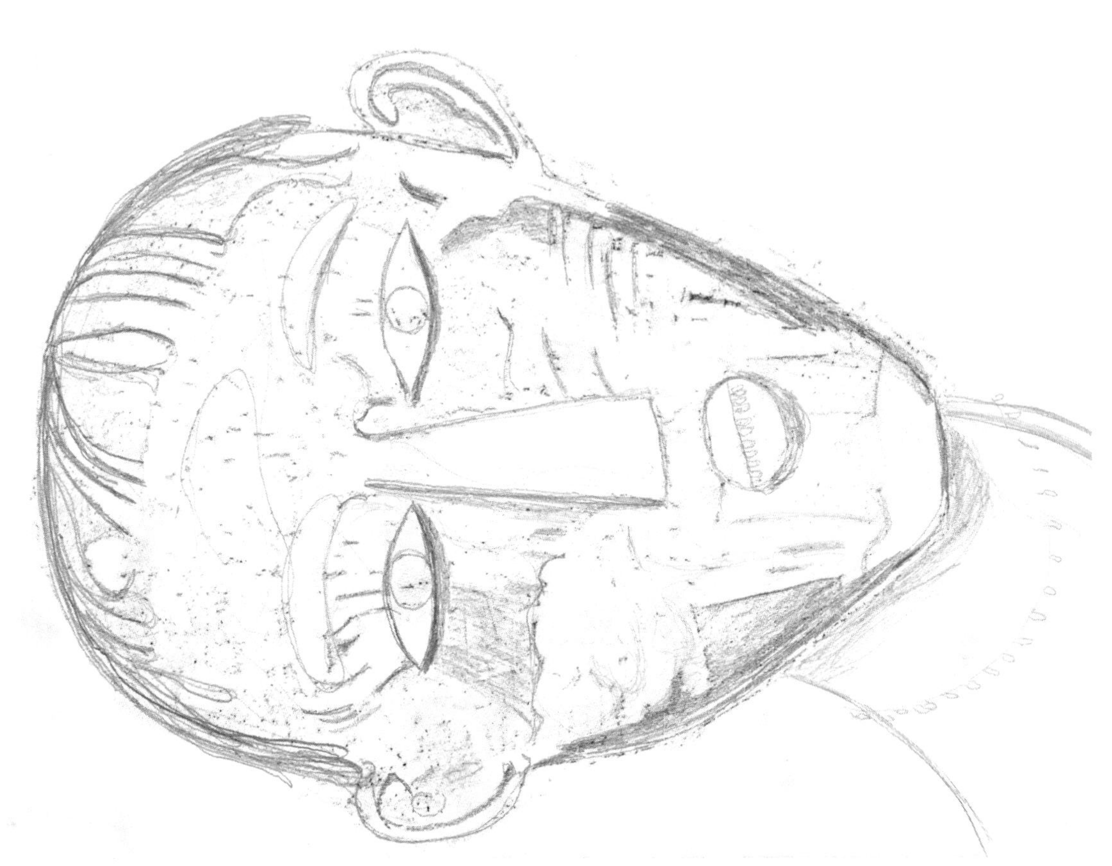

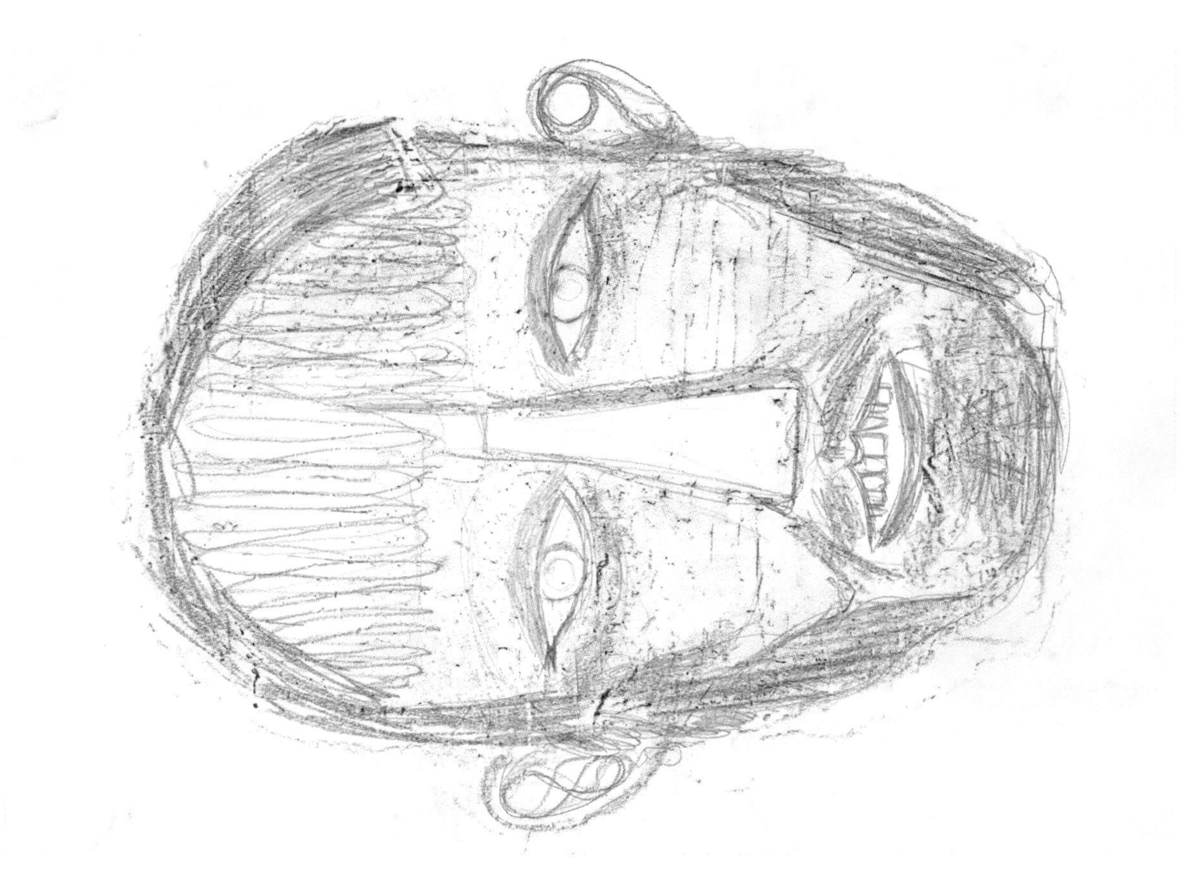

Bart Janssen
poems

Koen Peeters
prose

Dirk Zoete
drawings, photos

An artist, a poet and a writer. These three creative people read Stijn Streuvels' first novel, *Langs de wegen (The Long Road)*, from 1902, with fascination. This led to intense conversations and exchanges. This art book is about the way they entered Streuvels' world, with care and even affection. They evoke a world of farmers and their animals, in a surprising contemporary tribute to Streuvels.

This book is a serious game.

That is because Streuvels' world has suddenly become a stage set for Zoete's art. On the stage we see the appearance of a simple stable boy, Jan Vindeveughel. He is the main character in *Langs de wegen*. He talks to animals as if they were people. He is pushed along by his destiny. He drives himself to his own doom.

This book is at the same time a playful ritual.

Because the three artistic contributors, Zoete, Janssen and Peeters, set off together, down the same long road. These mobile men looked everywhere: in *Het Lijsternest*, in Zoete's studio, in writings old and new. They took a candid look at the landscape, and at farmers and horses. They went on a day trip –as a performance– and ended up on a parental farm, where it all started.

Just as in Streuvels' book.

1.

Some time ago, I went to a talk about the illustrious Flemish popular author Stijn Streuvels, in the gardens of Beauvoorde Castle. When I arrived at the large open tent, everyone was ready and waiting by the folding chairs. The men wore checked summer jackets and linen trousers, the women were clad in pink and white blouses, most smelling of rosewater. The women clutched their handbags with both hands.

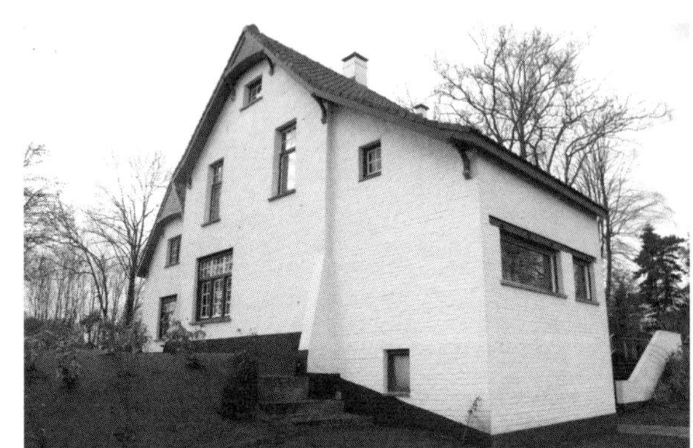

'The talk is about to begin', announced the speaker.

Everyone went to sit at the laid tables. Eagerly they picked up the stiff white napkins, refolded them and then put them back down again. A lack of space meant that I was forced to sit in the middle aisle on an extra chair placed there for me. I felt as though I was sitting in the middle of a church.

The person giving the talk was a professor, who was also chairman of the Streuvels Society and an actor. But I was having problems concentrating at the time, and later I thought, in my hazy memory, that Stijn Streuvels himself walked in and spoke.

Not possible. Streuvels died in 1969. And yet still I believed he was there. He was a small man, didn't really stand out in a crowd.

Streuvels stroked his forehead, his wrinkles and his white, well-coiffed moustache. In a solemn manner he began his talk: 'I'm going to read you something from my journal. This is what I wrote each day afresh in my journal.'

In a leisurely, even engaging manner, he told us how as a young baker he longed to go and live by himself. Streuvels wanted to 'give his existence meaning', 'escape from the old', 'express deep thoughts'. On top of that: he wanted to be a writer, but searched desperately for a way to tell his parents.

Was the writer really reading from his journal? No, that wasn't a journal Streuvels was reading from. It was a text that Streuvels had cleaned up and embellished. He had left out all the troublesome personal feelings. The journal was rewritten as a novel, and he was

1.

reading it aloud like a play. Perhaps Streuvels had even destroyed his original journal. But the way he read it, it was as though he was laying out his soul on the table, for everyone to look at.

If you listened carefully and immersed yourself in his words, you could be transported into his vision.

The audience loved it. In the summery tent, many of them closed their eyes to listen more intently or to go to sleep. Some of the men wore their grey hair far too long, as if trying to look like Roman emperors. As they giggled at one of Streuvels' lame jokes, they gazed momentarily around from left to right to enjoy the humour communally.

I sat among them.

A dove flew over the tent, and the shadow of that humble bird threw an image of a winging eagle on the tent canvas. Streuvels read on, acted his text. He told us how in 1903 he became the owner of a piece of land, 3000 m^2, for 2700 Belgian francs. There he would build his famous house *Het Lijsternest* and start his career as a writer.

More doves flew over, creating film footage on the canvas over our heads. Little thrips climbed up from the grass beneath the audience. In my place in the middle aisle, I felt hopelessly lost. The people in the tent didn't hear that continuous, unmistakeable silence in the text. They wanted to hear innocent stories from their area, from the old days, about themselves. That was enough for them, and so that was what they heard. Two rows in front of me a little girl continuously stroked her pretty nose with a white handkerchief. She inspected the blue splashes of colour on her dress. A motif of small cornflowers. The little girl turned her watch around on her wrist, looked briefly around at me, timidly averted her gaze back to her bare knees.

Older men, rosy and grey, had already fallen asleep. Others were being pestered by the thrips and carefully batted them away. More and more flies, bluebottles and vicious little flies collected in the apex of the tent. Outside, a big farm machine passed by.

Warm applause greeted Streuvels as he finished the story. Then the speaker invited everyone to partake of the light meal. Large aluminium dishes were brought out, full of currant bread and sliced cheese.

1.

While everyone chattered away in unison, I saw more flies rising from the lawn.

2.

It's ridiculous to want to address a writer, especially if he's dead. But had I met Streuvels, there and then, I would have put this one important question to him: how do you escape the parental legacy? As Streuvels himself put it: 'to give his existence a meaning', 'escape from the old', 'express deep thoughts'.

I was confused back then. I was busy writing my new book –the working title was Als een boerenzoon (Like a farmer's son)– and it was about a boy in the Westhoek area of West Flanders who, come what may, wants to get away from the family farm. The main character in my book was the youngest son, destined to follow in his father's footsteps. At that time, I had been struggling with my manuscript for three years, and had finally fooled myself into thinking that a stay in Het Lijsternest, a writer's residence, would help me understand the old farming community. In my infected memories I remember staying there one, maybe two whole months.

In Stijn Streuvels' magical writing room! I spent the whole time sitting at the wide panoramic window in his writing room.

To the left the windmills with their white sails, and beyond those a dark mass that might have been the Kluisberg. Or was that behind me? And where was the River Scheldt? To the right another windmill. I spent the whole day leafing through Streuvels' writing life in biographies and book reviews, sitting at his legendary writing table.

Every now and then a thick, healthy mist blanketed the entire landscape.

Here, at this wide oblong window, the writer sat at his desk throughout his entire career. Did Streuvels never get tired, I wondered, of looking out of that wide window? His whole life seemed to have been built around the window perspective. It seemed as if he was looking, but perhaps he was also asking the world to look at him. Look at me looking, he said, and then leave me here in peace.

Nervously I walked around all the rooms in the writer's house. I counted the portraits and pictures of Streuvels in the house.

Look, a hare outside. Around midday fat raindrops fell like little hailstones from the tree in front of the house onto the crocuses. Suddenly the sun broke

2.

through and the cold light fell on the yellow crops in the distance; then the image closed in again. Later the skies cleared up over the white farmhouse beyond in that hastily painted landscape, which became so deep and large and wide that I wondered how to describe it.

I studied Streuvels' appearance in old photos and paintings. On all the paintings he was always the same man with the raised, bushy eyebrows and the typical Streuvels moustache. The older he got, the more he looked like that little, bossy, thin man that loomed large in the photos, right arm hanging loosely at his side. Who was that iconic Flemish writer who recorded his own image like this? That immortal Flemish god with short legs?

I sat at that window until deep in the night. I had intended to finish my manuscript. But I sat reading from Streuvels' best-known books, De vlaschaard (The Flaxfield), Het leven en de dood in de ast (Life and Death in the Drying Kiln) and Langs de wegen (The Long Road).

Let's start with the novel De vlaschaard, which is also about a kind of delicate father-son relationship. The book tells of the stubborn proud farmer, Vermeulen, and how the only son defies his narrow-minded father. Father and son have different ideas about how to sow their flax field, the vlaschaard. The son obeys, and sows the flax too late. The flax grows unevenly, but old farmer Vermeulen refuses to admit his mistake. The lively farmer girl Schellebelle has her eye on the son. The father is finding life more and more difficult. The book describes how the old farmer vies with his peers, cares little about his wife, and domineers his children.

Then I read, again at the window, Het leven en de dood in de ast, about five day-jobbers working in an ast, a drying kiln with different levels for drying out chicory roots. In this book Streuvels tackles social injustice, the generation conflict, the problematic relationship between men and women, and the ruthlessness of nature or fate.

3.

But it was when I read Streuvels' *Langs de wegen* that I felt a deep gloom creeping up my neck. I've never felt anything like it. In my own book I wanted to describe how the main character escaped his farming roots, but after reading *Langs de wegen* it seemed a more impossible task than ever. Was that because of the darkness, the extreme fatalism of this novel?

Streuvels' book and my manuscript became intertwined. So I thought to myself: I will have to understand *Langs de wegen* better if I'm going to be able to put it aside and finish my own manuscript. There at Streuvels' writing desk, I wanted to obtain clarity about my writing problem.

My friend Björn Schmelzer, of graindelavoix, taught me a restless, artistic method: retracing the footsteps of the past. This journey takes us back though traces, fragments and scraps; we are looking for the echoes that still resound within. We capture the rhythm in the echo of the past, and take the rhythm further. It is reading an old book like a score, bringing the past to life, and we add something, to something that is no longer there. When we reconstruct in this way, we will never know how exact it was, but that is of no consequence. There has been a shift. In that process the purity of time itself is in danger, obviously, but we regard the text as old music that can stir up our mood once more.

An old book like a suitcase full of reminiscences, that's what it is. The artistic direction we get from the conductor is *sfumato*. That means: vague, soft, blurred. Just like the corners of the Mona Lisa's mouth, so that in this movement the turbidity can emerge.

'Because', Björn Schmelzer told me, 'every text needs its own nurses, packers who care for the old body of text and wrap it in new pure bandages.'

Is this scientific? I don't know. But in order to escape that venomous book *Langs de wegen* I have to read it again, more attentively than the first time, and investigate all the tracks contained therein.

There, sitting at the famous window in Het Lijsternest, I opened *Langs de wegen* again. I began to read: 'From early in the morning, when it was still pitch black in the stable, the horses began chattering and slamming their hooves against the wooden planks of their stalls.

3.

At the noise Jan jumped from his bed and lit the lantern.’

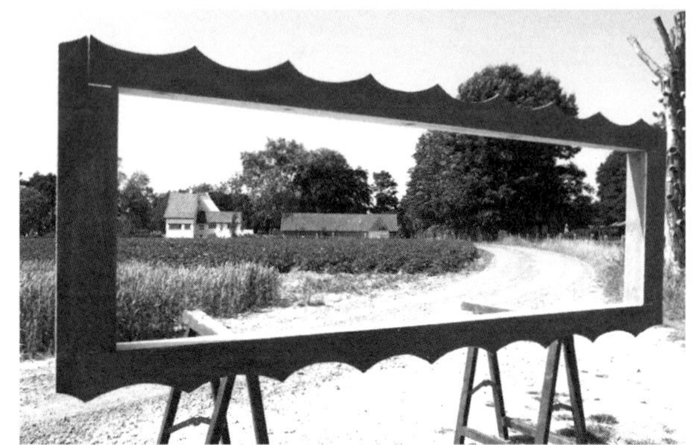

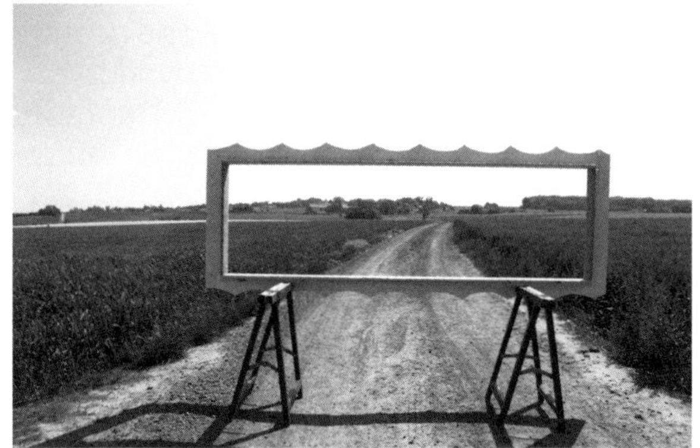

4.

The book *Langs de wegen* by Stijn Streuvels begins when stable lad Jan Vindeveughel gets up one morning and gives some oats to the four horses with whom he is sharing the stable. He does it while 'chatting to himself'. Or rather, he talks to his horses as if they are humans. Jan Vindeveughel is a friend to these animals, and is even compassionate when necessary. First his old willing favourite mare Seva, then Miete, the foal Baai and the new, restless gelding which he has named Bruin.

So begins the working day on the farm. The girls sing and the animals low, quack or snort. But Jan is as quiet and serious as his horses. He is silent, he doesn't want to be disturbed. Then 'with light dancing steps and the tinkle of bells, the two horses leave the yard'.

Jan is happy about his horses, the weather, the work done, just as he is always happy about everything. Always. At midday he eats in silence, an elbow on the table. Then he goes back to work, and when the evening mist falls, he stops work, stables the horses, wipes down their coats with straw and gives them linseed. Again he sleeps with his animals, as a stable boy should.

Then something happens in this timeless universe. The farmer's wife gives Jan a letter that has arrived and which will turn his life upside down. A letter, and 'he looked at all the big letters and the stamp'. Jan pockets the letter and leaves. He stays away three days, drinking. It's not the first time he's done this. It's three days before he returns, and ashamed, goes back to work. In the evening he lets the farmer's wife read the unopened crumpled letter. The farmer's wife reads the message aloud: Jan's father is dying, and his three married brothers ask him to come immediately for the burial and the division of the inheritance. But Jan continues working, without another word. He discusses it with his horses, because he can't make up his mind. The last thing he wants to do is leave the farm, where he works as a labourer. With great reluctance he takes his leave and goes to see his dying father.

Jan Vindeveughel cleans and rubs his horses, strokes them one last time. He feels cowardly, and even fears, very animistically, that 'the land, the trees, the houses' will notice him leaving. But the letter has confronted him with the great universal human question:

4.

how do you escape the parental home?

5.

When I was in *Het Lijsternest*, I phoned the poet Bart Janssen several times a day. He had also stayed for a while in the writer's house. Janssen shared my fascination with Streuvels. Like me, he had sat at that famous window from morning to evening, reading the works of our famous Flemish popular writer. We stared outside. I talked at length with Janssen about that special moment in *Langs de wegen*, when Jan Vindeveughel receives the letter.

I asked Janssen what kind of stamp would have been stuck on that letter.

It's a useless, even ridiculous question, because the story in this book has no specific date. But Janssen and I also knew this: Streuvels started working on *Langs de wegen* in November 1900, and the book was published in November 1902.

Two days later Janssen visited me in *Het Lijsternest*. He had brought with him an official stamp catalogue, adorned with yellow post-its. On a separate sheet of paper he had brought along original stamps, which he had purchased from a specialist shop in Antwerp. The stamp on the letter to Jan Vindeveughel, Janssen said, was very likely a *'Leopold II with fine beard, no. 66 2F, purple on pink'*. In the year 1901 this stamp was very frequently used, Janssen insisted.

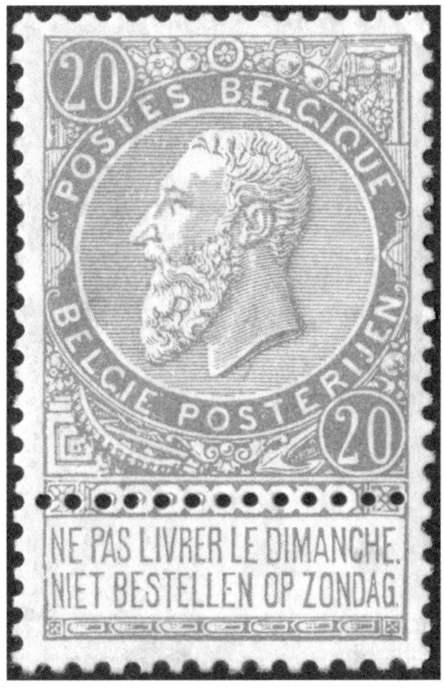

He had also leafed through the entire catalogue of Belgian stamps, looking for stamps with a farming theme. He showed me these stamps. I recognised nearly all of them, because I collected stamps as a child. It was like an old-fashioned film in which a clock is turned back. Janssen also left two poems behind with his stamps, on an A4, with a line by Streuvels at the top.

6.

... and it all began slowly to disappear until finally, Jan stood wound up in a close circle in which he recognised nothing except the blackness beneath his feet and the two lumpy rear ends of the two horses.

BIT

Hear how it stretches his land
In the trot, traces his base

In the dust, joins the hooves
To his bedrock, lengthens

His echo with the tug
At the bit – digs

The exile into its flanks.

FYKE

See how it rushes
Into his skin, fights back

In the fyke for the time
Of his life, strains

After his shifting gain
And limpid in its weight

Sprains the trace in his draught.

7.

Feeling under pressure from the letter (with the purple-pink Leopold II stamp) Jan Vindeveughel returns to the area where he was born. 'The endless road led to the unknown South, to the region he had not seen since childhood.' Streuvels describes how useless and empty Jan feels on this journey. But Jan Vindeveughel drinks in the new surroundings, and at once forgets the old.

In Streuvels' novel, time is indeterminate and tenuous. Death is unreal, only a detail in a cycle. Even when the father is dying, there is no haste. There is just the day, and the seasons.

He finds his parental home empty and uninhabited, the door locked. Vina, a neighbour whom he vaguely recognises, appears. She tells him that his father has died, that his brothers waited three days for him, and then buried their father. His brothers left him the land and the house.

It's all too much for Jan. He goes for another drink: in the pub he loudly announces to everyone who he is. When he sobers up, he does the only thing that seems logical to him: 'here on his father's land he would live his life in peace and harmony and, without cravings or desires, find an existence'.

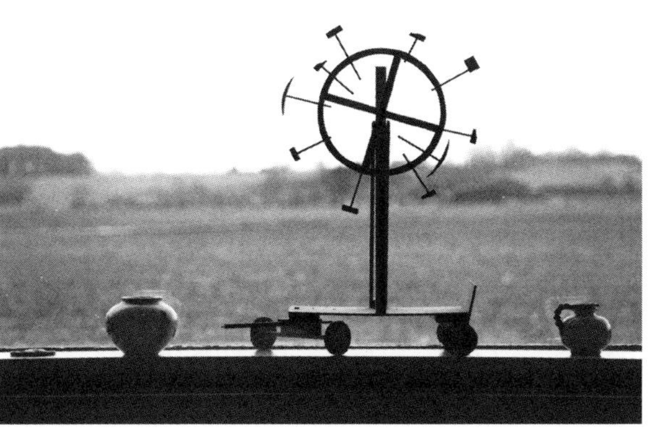

The priest comes to tell him to marry Vina, who is also on her own. Jan meekly accepts. Jan, eternal doubter, without will or character, will marry because he is a character that follows the script.

He is a good fellow, a slow thinker, a quiet boy, an illiterate with a drinking problem. The only thing he desires is 'to feel more grounded and to find something to do for the rest of his life in the fields'. This is his big, existential fear: aimlessly wandering, along the roads, not having his own place.

But marriage suits him perfectly. He eats and sleeps well. He pulls down the parental home, levels the land, and sows crops.

I underlined all these sentences in my book and read them out to Janssen over the phone.

8.

Het Lijsternest was extremely important for Streuvels. He was 34 when he discovered this bit of land and instantly purchased it, and then had a house built here. 'I had finally found something that satisfied all my needs. It was a useless klijtkop, a sort of mound or tumulus', he wrote. It was also 'the most mundane village that you could imagine'.

Only then did he look for a wife and set up a family.

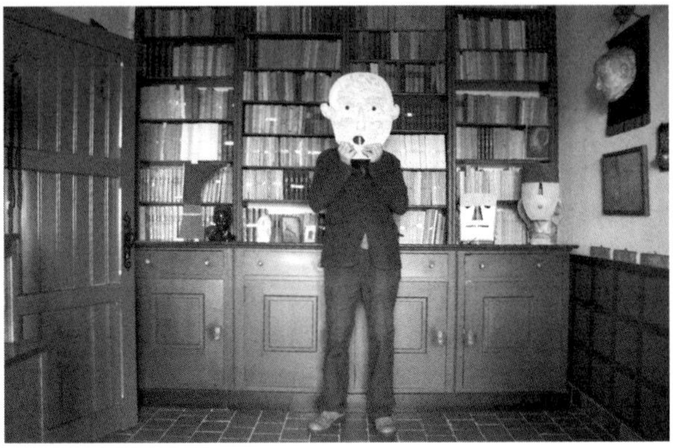

It was here that he established himself as a writer. From this moment on he was no longer a baker, never mind a farmer.

He decorated the house in his own style. He painted the walls chrome yellow, azure, salmon pink, light grey and Saxon green. He attached a motivational proverb over the window: Nulla dies sine linea: not a day without a line. He watched from the wide window, from a good height. Like an ethnologist, he watched how the country folk behaved out there. He heard them singing when he opened the window. He said: 'It must be written down the way I saw it happen.' At that window he could unravel the human system, understand what they did and then write it all down in the words that people used.

While I sat reading Streuvels, the dark writer's window looked at me fearlessly, like an inward-looking eye. Behind it the landscape was mirrored, ominously and blindly capturing my image in a camera obscura and casting it outside. I listened.

Streuvels wrote: 'At night a man is also plagued too much by foul reflections that emerge like ghosts from the darkness, and that can't be dispelled.' Some animal or other sighed outside. It frightened me.

The famous window was a perfect black rectangle. In the reflection I saw the room with its books, and me. Most of all, it was black. I thought of the poem that Bart Janssen had written on the subject:

8. HOW DO YOU DEFEND YOURSELF AGAINST A GLOOMY BOOK?

FLATSCREEN

If the house on grounds of darkness
Settles itself in its cracks,

And in the field clarity
Seeks to its dissolution,

The eye tests in its reflection
Death on its durability.

I sat at the window reading. I didn't know who or what was watching me. The darkness, the complete absence of noise or sound, my fatigue and insomnia of the last few days made me nervous. Of those who'd been here, who was dead? All those writers who stood there, were dead, I suddenly realised. All of them.

Then I did this: I wrapped up my fears and the blackness of the previous night in blank sheets of Streuvels paper that I stole from a folder on his desk. It was a big white sheet, stiff and tough like wartime paper. Like a schoolchild I covered that gloomy book, and by patiently folding, cutting and turning over corners, flattening and neatening the folded edges with my fingers, I tamed my copy of Streuvels. While the first bells of the morning rang in the church tower, I folded another clean white sheet, taken once more from Streuvels' folder of white blank paper, to encase the blackness and sharpness of that book.

9.

Maybe this first novel by Streuvels has helped us to discover who he was. At that moment in his life, Frank Lateur, alias Stijn Streuvels, was destined to become a baker. He was thwarted by his duty to his parents, wanted to escape, and bought books by the armload. He hungrily read the great European writers in order to learn foreign languages; he devoured their stories. He was ambitious, and dreamt of a writer's career. He taught himself French, German, English and even Norwegian. He read Flaubert, Couperus, Balzac, Dostoyevsky and Zola. He was fascinated by the Russians, and Tolstoy in particular. He translated them from the German and the French.

It was 1902 when his first major novel Langs de wegen was published. Streuvels was then 31 years old. At the same time his Vertellingen van Tolstoï (Stories by Tolstoy) and in 1903 Geluk in het huishouden (Domestic Bliss), again a translation of a German or French translation of Tolstoy, were published. This great Russian stimulated or confirmed his interest in the farming life, the simple country songs, and in particular the small farmers, seasonal labourers and stable boys.

Langs de wegen was written in a year. According to some, the book shows the struggle within Streuvels, who found it hard to leave his mother and the family destiny. It also shows Streuvels' own timidity, his indecisiveness. In a very personal letter to a friend, he wrote at the time: 'We are poor mussels who cling to everything that comes along and feel pain when it is ripped from us.'

That fascinated me in this book and in the figure of Streuvels: the amalgamation of human beings in the landscape, in work, in animals, in the words people say. Can we really just disappear into them?

The anthropologist and psychoanalyst Renaat Devisch, himself the son of a farmer from the Westhoek, told me how certain habitats and encounters can grip us, haunt us, make us vibrate or move, and as a result depress, pressure or even calm us. 'It often begins with voices', he says. 'It happens because voices are imprinted and recorded in us when sitting on our mother's lap as children.'

Devisch told me how on their family farm every animal had its own name, its own breath. He said:

9.

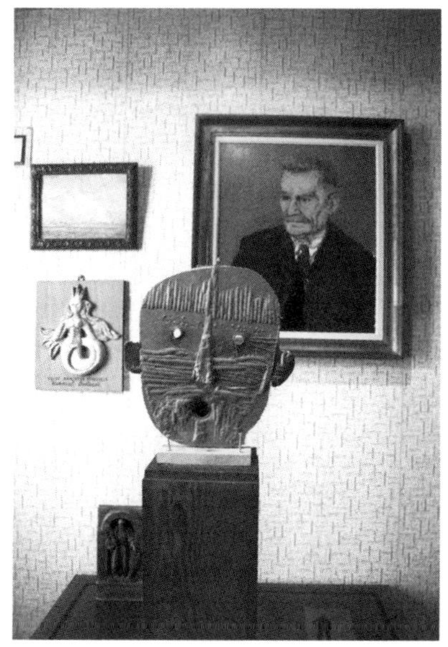

'On our farm we felt overarched by the sky, just like our animals. Our dog seemed to sense what we thought. The horses recognised the stable boy; they could sense when he was coming, even before he rode up on his bike into the yard. When the horses had to recover their strength, the stable boy would roll a cigarette. Then it looked as though the stable boy was talking to the animals, and my mother had the same kind of bond with the cows. She held the animals carefully and firmly, almost amiably, sensitively. When milking she calmed the ill-tempered animals by talking to them.'

'It still comes back to me in my dreams', said Renaat Devisch. He could still return to that peaceful world. 'Then I see my grandparents, even though I never actually met them in the flesh. In my most intimate moments they give me a message that I cannot put into words.'

'Echoes travel through time', he said. 'Ripples. Sometimes there are even memories of things that are yet to happen.'

'But that's just not possible, is it?' I said.

'No, it isn't. But there is a destiny that things must happen. As if we are actors, playing a role.'

'Actors? Don't you mean authors?'

'No, actors. As if we subconsciously know what will happen.'

10.

Yes, there's our Jan Vindeveughel, who barely knows who he is, who takes on the colours of his surroundings like a chameleon. He's like Meursault in Camus' L'Etranger, or Jozef K in Kafka's The Trial. Vina teaches him to pray, reads to him from religious books, and he listens like a child. She casually mentions that she is pregnant.

Jan is scarcely affected when the child is born. He buys a cradle, probably from a sense of duty, and invites his brother and sister to visit, but he talks to them about land matters. He is actually most pleased about the fact that the winter is over, that he can work outside again. He is part of a natural description of clouds and the earth. He sees the sods of earth as 'part of himself'.

He becomes melancholy when he sees and hears Dolf, farmer Vorster's stable boy, working with his two horses: 'hu Zan, omme Lotte, hei verdomd! And then more softly: tuuk, tuuk, hei, op! omme! djok, ho, ho, djok Lotte.' The words remind him of his life with the horses.

Then the crops fail because of the drought and their baby gets sick. They pray, burn a candle, do a pilgrimage. Everything turns out fine. Jan realises now that his life depends on God's blessing, but that is what Vina has taught him. A second boy is born, but the name is not mentioned, and before long there are four boys in the house and Jan 'was and remained the calm plough-horse that stops working when dark falls'.

Vina takes care of the sale of excess land, and she manages the household. Meantime, there are six children, and their savings are disappearing. Vina tells him, even though she knows Jan won't give her any advice. Jan becomes jealous of Dolf. Then comes the meltdown. Jan leaves and drinks himself under the table, and beats his wife and children.

11.

He drank; drank to be happy and humorous and to find comfort, to smother the unhappiness that suddenly overcame him, from beyond his guilt.

CRUMB

Taste how on the crusts
Of his lips the grinding

Scorches the stones,
At the crumb his mouth

Shrinks and in his thirst
Drought hungers

To break the spell on his throat.

With his arms he felt for everything that was constantly toppling around him. Then the full uncertainty darkened in a circle that closed tighter around him, in which he finally suffocated and sank into the general intoxication.

GRIP

Feel how bottom
Bursts out of its boards, grip

Loses its borders, firmness
Falls from its failings,

Desolation rubs in
its neglect – relief itself

Pecks onto his skin.

12.

While I was in *Het Lijsternest*, my friend Janssen sent me a big white envelope on which he'd stuck three stamps depicting horses. Farming horses drawn by a certain Hausman, and next to that the white big-toothed Jolly Jumper from Lucky Luke, and a Dunkirk shrimp fisher on a horse, by Stefan Vanfleteren. In the envelope were more A4 sheets containing poems, as well as an artistic card from a mutual friend of ours, Dirk Zoete.

Zoete is an artist.

On the invitation for an exhibition, there was a picture of Zoete himself. *Night Horse*. He is posing with a stick, a little table and a rope, but arranged so that Zoete looks like a jockey on an elegant rearing horse, the ears flat against the neck. That cheerfulness, that lightness of the young rider, were very different from the characters I was reading about in *Langs de wegen*.

On the reverse of the card, Janssen wrote: 'Perhaps we should go travelling together again, along the roads. After all, we are pickers, collectors, tinkerers, aren't we?'

In the pub in the village nearby, *Au pauvre diable*, Janssen explained his poems to me, while the billiard players dutifully positioned their cues. The men leaned their full weight on the edge of the billiard table, and then forcefully took the shot with a sharp tick. Their eyes sketched the trajectory of the ivory balls, not following, like a prediction.

Janssen read his poems to me. Revealing the rhythm within, inserting invisible commas, he showed how he had used, reused and interlinked the rules. He had recited them a thousand times to himself, and now pointed out the patterns in the lines.

Janssen's poems helped me to better understand Streuvels. That rhythm, that power: stubborn and raw, and so dark and rigid. His words search by themselves; they move through an inbuilt mechanism, which doesn't allow itself to be caught. After Janssens' visit, I reread what I had already read numerous times in Streuvels. I admired Streuvels' incomprehensible, untranslatable words. His style: sometimes a little frenetic but always rich, revelling and exuberant, pompous too, but unique and dark.

Nice, all those horses, but in fact the book was about the essence of farming, the life of farmers and

12.

their workers on the land. Yes, what are farmers really like, and how do farmers breathe the spirit of place, the *genius loci*? It was still working on my manuscript, which was now called *De geest en de genius (The Mind and the Spirit)* not *Als een boerenzoon (Like a Farmer's Son)*.

Yes, what is there to say about farmers?

Their down-to-earthness, that slightly ironic mockery, the class consciousness, their cynical thoughts on politics, their intense fatalism, and also the propensity of things, i.e. the masterly bending with untameable forces, constantly adapting and as a result reaping the benefits. Farmers wait, and adapt. They keep going despite resistance, and that makes them closed and wary. Farmers don't fight nature, because nature is bigger than them.

I went outside, and the sun went down. As the last of the sun disappeared on the horizon I watched three hares in the field. A mother with her two leverets, tumbling over each other. Behind them were cows, walking in the meadow. They walked in a line, all on the same path. They obediently followed the animal in front.

But the artist doesn't want to be obedient. Obedience is for horses.

13.

We are halfway through Langs de wegen.

Jan and Vina ask farmer Vorster for help. He has known for a while that Jan and Vina wouldn't be able to keep up their farming activity with the ever-expanding family. 'The farmer thought it was time to plunge in and take advantage.' Striking are the words that Streuvels uses for Vorster. He is a 'fine' farmer (een fijnaard) and he walks, not wanders, along the roads.

Jan and Vina sell their house and land to Vorster; from then on Jan works for the farmer. They sell their freedom, as Streuvels remarks. Meantime, another child comes along, the seventh, a girl. The family's financial reserves continue to dry up. Vina is worried and Jan continues to be indifferent. The daughter dies before she reaches the age of three. Vina grieves and gives up. It's quite clear this is not going to have a happy ending.

It is evening in Het Lijsternest, at that wide window, and I put aside the dark, defeatist book. I finally wanted to shake it off, I wanted to be cured of that book. I wasn't making any progress in my manuscript. I thought: I have to leave, make travel plans. No aimless wandering, but carefree walking like 'the fine farmer'. I would follow in Jan Vindeveughel's footsteps, but not on my own. Why? Because I can only shake off my sombre self, become light-hearted and ironic, in company.

I phoned Janssen and Zoete. Zoete himself was born in the Westhoek, not far from the French border. He was also the son of a farmer who had a mixed farm of corn, beet and cows. By the time he was eighteen, my friend Zoete chose to study art. I wondered: how did he untangle himself, uproot himself from the farm?

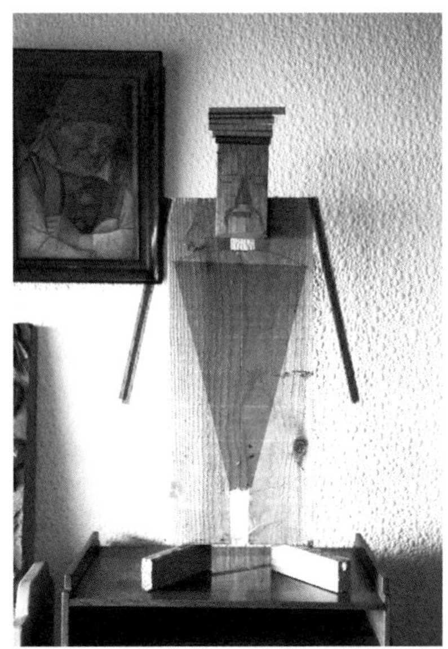

I picked up Zoete's card. Night Horse. Zoete took photos, made films and, most of all, did drawings, and brought them to life in a model. He asked actors to act out a sculpture. His art was a peephole box, a machine to look at. It made me think of a story from Streuvels' childhood, about Rabbezon. A friend from the village had been telling him for years

13.

about a book with movable coloured pictures. Streuvels marvelled at the 'paper miracle', in which trees and characters could suddenly be lifted up by a string 'as if by magic'.

(Rabbezon turned out to be Daniel Defoe's Robinson Crusoe.)

I had previously visited Zoete's wonderful studio, together with Janssen. We stood looking at sculptures of men in masks, horses in x-ray images, Mexican rebels, Russian farmers in the style of Mayakovsky. On the wall there were studies and sketches of vast landscapes, with their diverse agricultural constructions, but also boats, theatres and angry self-portraits. Zoete continued to draw his zinc-grey figures and buildings, in pencil on large sheets of white paper. Different forms of farming ingenuity in each case.

His studio showed the artist as a farmer's son, I thought. Zoete worked on paper, but also with materials from the farm: manure with which he made bricks, tractor tyres, rough wooden planks and saw blades, concrete. He explained to us how he preferred to do everything himself. When doing this, his hands and fingers moved nervously, his thumbs rubbing over the tops of his index and middle fingers to show how he searched for something delicate as a technical solution.

Janssen didn't say anything, just listened, his two arms practically helpless by his side, veering backwards. Then leaning forward, admiring, hands on his hips. He listened and watched eagerly, drinking it in, silent. Then he positioned Zoete's creations somewhere in art history, fitted them firmly into an invisible, floating system.

On the wall there were Russian women's shoes with a folklore flower motif.

14.

The freshness of the wind blows diagonally through the heat and sweat and manure smell from one to the other doorway in and out.

DRIVE

Smell how returning breathes
Its remains into the seed,

Animates the land,
Absolves the air,

With accosted drive settles
The crop – grabs the place

Of the expelled substrate.

15.

I pick up the gloomy book once more and it's going from bad to worse. I can't put it down. Vina is dying, Jan is unable to speak to her. Even now he doesn't see or understand death, he waits. When she dies, Jan feels sad for a moment and weeps. Walking along in the sparse funeral procession he looks around at nature, and knows that it will be 'obsessed' with Vina's death.

Vorster has arranged for Dolf's wife to help him in the house. Jan remains closed, indifferent, averse. He is not looking for another wife. He is jealous of Dolf because he is allowed to work with the horses, and even begins to hate him. When another famine comes, his old fear rises again: wandering around without work, wandering along the roads. In the end he becomes a tramp. Begging, he ends up back on the old farm where the book began. Nobody recognises him as the stable boy he once was, but they give him a place to sleep for the night. We don't find out how it all turns out.

16.

Zoete and Janssen came to visit me in Het Lijsternest. Zoete wore a black jacket, red zip-up jumper, an old-fashioned checked shirt and a green T-shirt. His beard was neatly trimmed, but his frantic hair stood up in all directions. It was the first time he had been to Het Lijsternest.

Streuvels had intended this house to be a small, cosy, sober family home, like a nest hidden among trees that he himself would plant. Yes, like a thrush's nest. He designed the house with the architect Viérin. It was supposed to be a contemporary showhouse like in the Arts & Crafts movement, harking back to the old farm designs in the region. The house was built in 1905, but it grew with the years, in line with his wife Alida's wishes, the growing family, and the need to have a separate writing room.

I showed Zoete around the writer's house as if it was mine. Janssen added his comments. In Streuvels' library, right near the floor, in the Russian section, I pointed to the collection of Tolstoy books. One book was about Tolstoy's life, with engraved pictures of his garden, house and writing room. Photo of Tolstoy: the bearded old writer at his table, a scythe and sickle hanging on the wall. The pose made me think of Streuvels.

The great Russian Tolstoy and the little Flemish Streuvels shared the same pessimism, conservatism, fatalism. They both worshipped the close farming community, the austerity, and claimed that both the farmer and the labourer depend on the earth that they work. They both loved powerful stories about conflict, manslaughter, jealousy, drownings. It was about the valiant futility of man, and then the resignation, absence of any social struggle.

In that crowded interior I pointed out the detail: a horse painting by Matthijs on the landing, the paintings by Saverys and Permeke, the family photos on the piano. The three of us took it in turns to sit at the writing table. We were black silhouettes against the window, looking over the plain cornfield. Janssen pointed to a letter holder on which there was the same painted flower as on the Russian shoes in Zoete's studio.

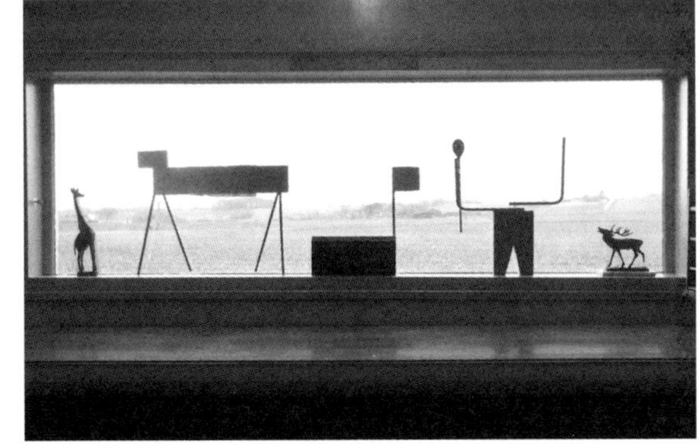

16.

I saw Zoete thinking.

In my mind he carefully removed the frames: a Van Gogh reproduction, Streuvels' pipes, Congolese arrows, a Buddha statue, and he replaced these objects with artworks of his own. A landscape, a model, a photo, a portrait of a cow. I saw how he created the possibility of moulding the world.

I saw Zoete thinking some more. He said: 'This is what we all want: to create an inalienable place where we can be who we are. That is the closed studio, the lonely writing desk, it is the farmer's farm, and also for the artist himself, it is his own work.'

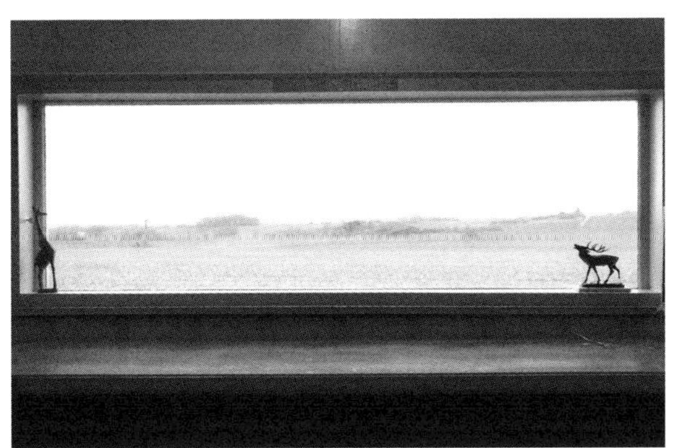

In my mind I saw him posing in this house, as Streuvels had posed.

I saw Zoete with a mask on, on a chair, standing or writing at the window. I saw him fitfully drawing on that famous window. Zoete invented, dreamed up, drew a landscape on the landscape. 'My hand knows more than my head', Zoete said. 'Things arise from the doing'.

Just as a writer writes about the world, over the top of it, in something between mental arithmetic and dreaming.

Zoete pointed at a painting of ships. 'A ship is also a hidden space, a closed-off place. You are alone, and yet you are going on a long, dangerous voyage.'

'How did you become an artist?' I asked Zoete. 'Did your father also want you to be a farmer?'

17.

I was the driver, the course had already been set in the satnav, and all three of us had read *Langs de wegen*. First we drove along the motorway. Immaculately pruned embankments, splatters of autumn colour on the trees along the roadside. We drank coffee in a Deliway service station. Every now and then we quoted passages from Langs de wegen. I'd shamelessly underlined the most beautiful sentences in blue ink in my book. Zoete did the same in pencil, Janssen with a fine poetic Rotring pen.

There was a traffic jam on the approach to Kortrijk, and near Menen we left the motorway and drove in the direction of Ypres and then on to the Westhoek through various villages. Beyond Ypres it was rural, with fewer houses, and sometimes the barns seemed to hover above the stubble fields. Electricity wires hopped on stilts to the farms. We saw farmers all over the place; they were sowing, spreading muck, harvesting the last corn.

The world surrounded us: a sprout field, a grey sea of harrowed land, the sour smell of pig manure hovering over it. It was the end of October, and crows were gathering in the trees. In that flat land of the Westhoek I seemed to break free of myself and the gloom. On the way we admired the agricultural ingenuity of the landscape: the farms, barns, sheds, farmhouses large and small, kilns. Zoete pointed them out to us, asked me to drive down winding concrete tracks, and it made me think of how Stijn Streuvels once rode around here on his bike, in the early 1900s, to photograph houses and farms, looking for land and ideas, to brief his architect, Viérin. And then I suddenly knew what the title of my novel would be: *De mensengenezer (The Healer of People)*.

We arrived in the village of Alveringem, and went to visit Zoete's mother. She put cups and apple cake on the kitchen table, and poured coffee for us.

'It's exceptional weather', she said.

She told us about her parents' farm. She recalled names of old villages and hamlets: Pervijze, Rousdamme, the very religious Booitshoeke, Scheewege. At home they had four horses, and farmed thirty hectares of heavy Veurne soil. Their farm lay at the end of a lane stretching seven hundred metres.

17.

When the subject changed to her artist son, she said: 'You have no choice.'

Her son explained: the artist can do nothing but be an artist, and the parents can do nothing but see that. His mother nodded. She was just worried when he made his manure blocks at the side of the street, 'people around here don't understand such things'.

Behind her on the wall was an accurate drawing of crows and jackdaws, and one of cows in the hall. In the living room two traditional landscapes, with willows, poplars, the fine tracks of the harrows. She said about her son: 'How do you dream it all up?' 'And then actually do it, again and again', she added. 'Would you like some more apple cake?' she concluded.

Het Zwanenhof, that was the name of their farm. In the yard Zoete was immediately accosted by his brother's four boys who were running around there. There was a huge pile of poplar wood, chopped and covered with a large white tarpaulin. Zoete's father showed us the 1920 barn, the stable for 36 cows, and behind the house a pond. There used to be fish and eels in it, but the herons had flown off with them all. Further on was the mikke, a large overhang that was open at the front and back, and in front of it stood his old Ford tractor.

Zoete's father was wearing a white cap, and it struck me that his jumper had the same unfashionable, small brown-red checked motif as that of his son, and both wore a jacket over a jumper over a shirt. Zoete pointed out the barn where he sat on feed sacks, drawing, when he was seventeen.

Three raspy barks sounded from a distant dog. Above our head flapping crows swarmed, drawing nervously in the air. We sniffed in the evening like dogs. We felt the chill, damp autumn.

'The black crows flew in circles so stealthily over the field and fell on the snow-laced manure heaps', Streuvels wrote.

Zoete's father said playfully, teasing us: 'Shall we go and do some more chopping?' and his eldest grandson jumped up on the tractor and started the engine. The cleaving machine behind the tractor shot into action. Zoete's father controlled the lever, and his grandson

17.

positioned the blocks of wood. With the connecting rod the machine pushed each block of wood against the sharp axe. The poplar wood was effortlessly split, sometimes two or three blocks at a time.

Zoete watched him: his father, his brother, his nephews and a few of the neighbours' boys, and there was great enthusiasm in their joint labour and the noise of the tractor. The juice dripped and splashed festively from the fresh wood.

My friend Zoete, there among all the other Zoetes, looked on. His father pulled him closer. They both had the same laugh.

We drove back home along the roads. We had been on the road quite a while, it was further than I thought.

Meantime, we had reached the final pages of Langs de wegen. Streuvels built his house, Het Lijsternest, after writing this book. It was his workplace, the place where he recorded and managed his writing life, always a little petulant and distrustful. I understood: a house is a person, and a person also becomes his house, as a farmer builds himself a farm. His house was a work of art, and in the work of art we think we understand what the world is about. And then we try to understand ourselves.

I heard village church bells, and somewhere in the village a child played on a melodica, or was it an organ on the radio, or an upbeat mobile ringtone? It sounded very light.

This is an adapted version of the text of a talk given in May 2017 for the Streuvels Society. All quotes from Streuvels come from *Langs de wegen* by Stijn Streuvels. The prose is by Koen Peeters, the poems are by Bart Janssen, drawings and photos by Dirk Zoete. The three of them went on a daytrip in East and West Flanders at the end of October 2016, together with Tom Houtman, curator of *Het Lijsternest.* Koen Peeters and Bart Janssen stayed in *Het Lijsternest* in February 2015.

'Mijn hand weet meer dan mijn hoofd', zei Zoete.
'Door bezig te zijn ontstaan de dingen.'
Koen Peeters

Zijn handen zeggen het tegen elkaar:

dit is een vorm,

ik houd hem voor jou open,

teken hem, snijd hem
hamer hem, beeld hem uit

en geef hem de ruimte.
Bart Janssen

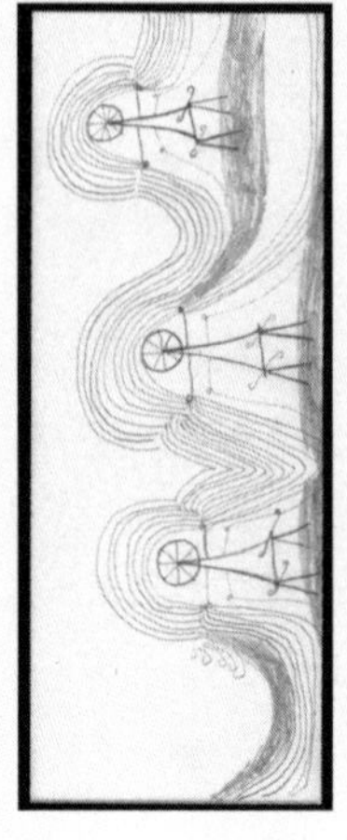

De eerste zin van de gids bij zijn tentoonstelling To be determined. According to the situation in S.M.A.K. in het voorjaar van 2017 laat er geen twijfel over bestaan: 'Tekenen ligt aan de basis van elk werk van Dirk Zoete.' [1] Onmiskenbaar is de tekening het plastische vertrekpunt van vele van zijn creaties. Meer nog, ze is er zelfs regelmatig de bestemming van. De vele tot in de details uitgewerkte tekeningen aan de muren van het Gentse museum waren er het levensgrote bewijs van.

Maar samen met die beeldende, getekende oorsprong en uitkomst loopt in Zoetes kunst een mimisch, een theatraal, proces. Met het schetsen is er de geste, het (hand)gebaar, de beweging. Dirk Zoete heeft het beeld in de vingers wanneer het lijn of vlak wordt op papier. Het valt meteen op als hij over zijn werk praat, hoe tussen zijn handen, met (be)denkende vingertoppen, een idee vorm krijgt. En die vorm laat het gebaar niet meer los, draagt de beweging met zich mee, onder meer in zijn gewild ruwe en blijvend vlottende staat.

Die manuele, en bij uitbreiding corporele, wijze van creëren blijkt ook uit zijn omgang met de plastische genres. Tekening, sculptuur en performance gaan in elkaar over, mixen zich. Ze worden geregeld gecombineerd in één werk: bijvoorbeeld levende benen en handen die uit een geschetste romp steken met een betonnen masker erbovenop. Maar ook op zich is de ene discipline doortrokken van de andere. Zo zijn de tekeningen sculpturaal in hun geblokheid en performatief in hun geleedheid en serialiteit. Tegelijk zijn de sculpturen getekend in hun schematisering en performatief in hun theatraliteit. De performances zijn dan weer getekend in hun geconstrueerdheid en sculpturaal in hun gestoldheid.

Het opvoeren en ensceneren zit Zoete in het bloed. Op zijn website laat hij het overzicht van

[1] *To be determined. According to the situation,* bezoekersgids tentoonstelling Dirk Zoete in S.M.A.K. (Gent), van 11 maart tot 4 juni 2017.

zijn werk beginnen met filmpjes van twee performances uit 2000. In 'Plaats te kort' schuifelt een groepje van zeven mannen met aaneengekluisterde motorhelmen door de stad, neemt een bus en bezoekt een kunstgalerij. In 'Tractortrucs' bedient de kunstenaar een tractor vanop het veld terwijl hij erachter loopt, heel ingenieus met touwen aan het stuur bevestigd. Als een hond aan de lijn. De scènes zijn niet van humor gespeend, maar geven ook te denken over de verhouding tussen mens en machine.

In de jaren die volgen neemt Dirk Zoete afstand van de pure performance, maar in de constructies, maquettes, bouwwerken en voertuigen die hij vervaardigt en in de exposities die hij samenstelt, duiken geregeld performatieve componenten op als gangmaker. 'Ik breng performances op een voorzichtige manier', zegt de kunstenaar.[2]

[2] Dirk Zoete in een radio-interview met Chantal Pattyn in *Pompidou,* Klara, 1 juni 2017.

Op maquettes van pannendaken ('Tiled roof', 2001) installeert hij uitkijktorens, en op de tekening erbij zet hij de slogan 'Vanaf het dak geroepen'. Schaalmodellen van architecturale parkconstructies in de vorm van hertengeweien ('Deer antlers', 2003) zijn uitgerust met een podium waarop een man naast een geluidsbox staat. In 2011 maakt hij met miniatuurtjes mobiele scènes waarbij twee tractoren een scherm en het publiek voorttrekken ('Tractor Cinema'), opmerkelijk genoeg in tegengestelde richting. 'Facade Parade' uit 2012 toont een modelstoet van onder andere rijdende gevels, podia en decorstukken. Vanaf 2013, met bijvoorbeeld 'Studio movement 1' (2013), 'Careful dressage' (2014) en 'The Be-Part Exercises' (2016), gaat hij een stap verder, of, zo u wil, terug naar zijn oorsprong, en treedt hij zelf op of laat hij levende personages spelen met de voorwerpen die hij creëert. Hij neemt er foto's van, die hij soms met tekeningen verder bewerkt.

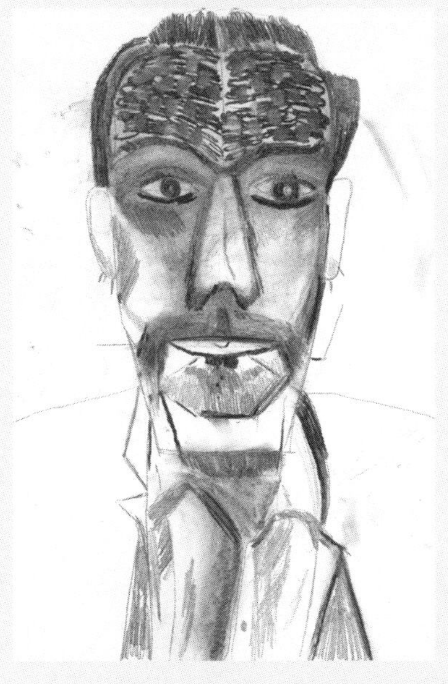

En tot slot is er de reeds vermelde tentoonstelling uit 2017 in S.M.A.K. De eerste zaal was geheel opgevat als een podium: vooraan stond een groot raamwerk met gordijnen in de vorm van boomzagen en 'vanuit die "Zaagdeur" liep je op de scène en wandelde tussen buitenmaatse antropomorfe constructies'. De reuzenpoppen leken 'te wachten op een of andere activiteit of aanwijzing van een regisseur die zou kunnen zeggen: "Ga nu dit of dat doen."'[3]

[3] Dirk Zoete in een radio-interview met Chantal Pattyn in *Pompidou,* Klara, 1 juni 2017.

Een raam is ook de basis en de animator van het werk dat Dirk Zoete in en rond de schrijverswoning van Stijn Streuvels in Ingooigem opzette. 'Hier, voor dit brede rechthoekige raam, zat de schrijver dus zijn hele carrière aan zijn bureau. Werd Streuvels nooit moe, vroeg ik me af, van dat gedurig kijken en loeren uit dat brede raam? Zijn hele leven leek wel rond het vensterperspectief gebouwd. Het leek dat hij keek, maar misschien was hij het zelf ook die de wereld vroeg naar hem te kijken. Zie mij zien, zei hij, en laat mij hier verder gerust' [4], noteerde Koen Peeters tijdens zijn verblijf in Het Lijsternest over het mythische venster dat uitkijkt over West-Vlaamse velden.

Kijken en bekeken worden zijn eveneens de twee polen waartussen Dirk Zoete zijn werk laat glijden. Schetsen (zelfportretten en panoramische landschappen), bricoleren (postuurtjes en plastieken) of bouwen (maquettes) ziet hij als vormen van kijken. Exposeren en performen beschouwt hij als manieren om bekeken te worden. In het Lijsternest-project laat hij deze polen, zoals in zijn gehele oeuvre en in vele afzonderlijke werken, in elkaar overgaan en gebruikt daarbij het genoemde raam als katalysator, als mediator voor de diverse praktijken.

De primaire functie van een lijst, een raamwerk, rond een schilderij is ongetwijfeld bescherming. Maar een lijst isoleert het kunstwerk ook, maakt het los van de omgeving, de muur, en stabiliseert het eveneens. Een lijst legt de voorstelling vast, sluit het kunstwerk af. Dirk Zoete negeert al deze functies en gaat met de lijst en haar inhoud letterlijk en figuurlijk op de loop. Hij dynamiseert zowel de omlijsting zelf als de voorstelling die ze omvat en de ruimte die haar omgeeft.

De lijst vormt in dit project het beginpunt, wat op zich al uitzonderlijk is. Meestal komt omkadering aan het slot van een artistiek verloop. Nadien kan het kunstwerk opgehangen en bekeken worden. Hier echter start de kunstenaar met het kader en brengt dit de creatie op gang. Binnen de lijst met de precieze formaten van het Streuvelsraam ontstaan tekeningen die zich schikken naar die afmetingen. Hij imiteert het raam zelfs in hout, zet het in verschillende posities in het landschap rond Het Lijsternest en maakt er foto's van. En hij ontruimt (gedeeltelijk) de vensterbank voor het echte raam en plaatst er zijn eigen sculptuurtjes op.

Zoals in zijn vroegere werk is ook hier elke discipline die hij hanteert doordrongen van de andere. De getekende personages passen binnen het kader als reliëfs op hun stenen drager. Ze doen denken aan kapitelen of lateien in romaanse kerken. Hun gelede structuur geeft hen een bijzonder geanimeerd karakter. Verschillende tekeningen na elkaar zetten hen in filmisch perspectief. 'Een scenario zonder verhaal' noemt de kunstenaar het zelf. Postuurtjes en silhouetfiguren worden in scène gezet voor het Streuvelsraam, als in een poppentheater. Het raamprofiel nodigt daar perfect toe uit. Postuurtjes ondergaan op de foto hier en daar een getekende ontdubbeling. En als apotheose wordt het raam, als een levensgrote abstracte sculptuur, zelf acteur en vangt in verschillende posities het landschap, zoals een natuurgetrouw schilderij.

4 Koen Peeters, *'Dat raam, Schrijvershuis Het Lijsternest Ingooigem'*, in: *Ast. Schrijvers en kunstenaars openen Stijn Streuvels' meesterwerk Het leven en de dood in den ast*, Lannoo, Tielt, 2016, p. 48.

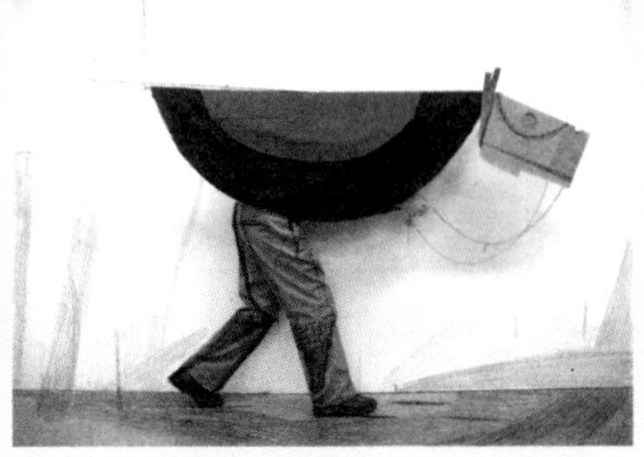

Het raam als lijstwerk ontvangt, genereert en houdt scènes binnen zijn perken, en doet dat niet enkel formeel maar ook inhoudelijk. De origine van het raam bepaalt wat er wordt getoond. De voorstellingen die Dirk Zoete tekent, sculpteert en ensceneert, verwijzen immers direct naar de literatuur van Stijn Streuvels, meer bepaald naar zijn eerste roman, Langs de wegen, die aan de oorsprong ligt van het hele kunstenproject: 'Van vroeg in den morgen, als 't nog vol donker was in den stal, begonnen de peerden te kletsen en te slaan met hoeven tegen 't berdelen beschot van hun sliet. Op 't gerucht sprong Jan uit zijn bed en ontstak de lanteern.' [5] Streuvels noemt al man en paard in de openingszinnen van zijn boek waarin hij de eenzelvige paardenknecht Jan Vindeveughel onderwerpt aan een meedogenloos lot. En dat doet ook Dirk Zoete in zijn eerste tekening van Geen dag zonder lijn. Een bladvullende figuur (Streuvels? Zoete zelf?), frontaal getekend, wordt geflankeerd door een paardenkop op een stok en een marionetachtig mannetje dat naar hem opkijkt. Ook de tekenaar of schrijver lijkt in deze uitgave klaar te staan om het (fatale) poppenspel met zijn personages te beginnen.

[5] Uit een facsimile van *Langs de wegen* van Stijn Streuvels (eerste druk van 1902), opgenomen in Jaarboek XXII van het Stijn Streuvelsgenootschap, Lannoo, Tielt, 2016.

Paarden —stilstaand, dravend, bereden of gemend— geïsoleerde, onbehouwen figuren, dikwijls aan het werk op het veld, en landelijke landschappen bevolken verder in groten getale dit kunstenboek. Ze refereren aan Streuvels' wereld, maar zitten ook dicht op de huid van boerenzoon Zoete zelf. Hij putte in zijn oeuvre al vaker uit het agrarische arsenaal voor thema's, beelden en zelfs materialen. Oud en nieuw werk lopen in deze publicatie dan ook naadloos in elkaar over. Die is met erg verscheiden beeldende procedés uitgewerkt en in een trant die doet denken aan de diverse modernistische stromingen uit het begin van de twintigste eeuw, de tijd waarin Stijn Streuvels zijn belangrijkste romans schreef. Onder meer constructivisme, kubisme en futurisme komen om de hoek kijken.

Zo weet Dirk Zoete met aloude thema's, vormgegeven in moderne en hedendaagse stijlen en technieken, een op en top contemporaine totaalcreatie te maken die helemaal op zijn lijf en op dat van Stijn Streuvels geschreven/getekend is.

Bart Janssen

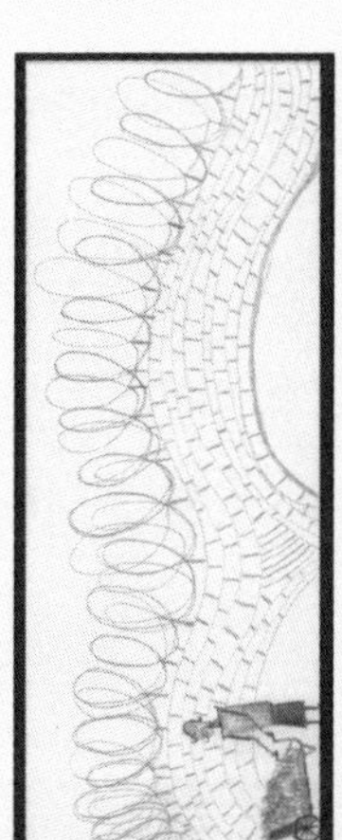

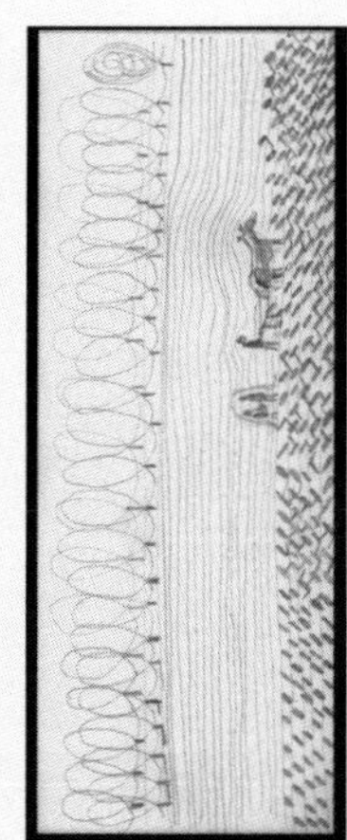

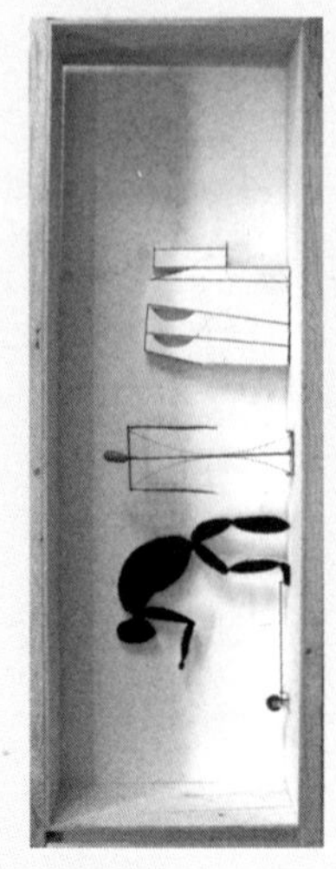

'My hand knows more than my mind', said Zoete.
'Things come about by keeping busy.'
Koen Peeters

His hands say to each other:

this is a form,

I'm holding it open for you,

draw it, cut it
hammer it, depict it

and give it room.
Bart Janssen

The first sentence in the guide to the exhibition To be determined. According to the situation at S.M.A.K. in spring 2017 leaves it in no doubt: 'Drawing underlies every one of Dirk Zoete's works.' [1] The drawing is undeniably the expressive starting point for many of his creations. What is more, it is regularly even how they end up. The many highly detailed drawings on the walls of that Ghent museum were the life-sized proof of this.

But in Zoete's art, this visual, drawn origin and outcome is accompanied by a mimical, theatrical process. With the sketches go the gesture, the hand movement. Dirk Zoete has the image at his fingertips when it becomes a line or plane on paper. It is immediately striking when he talks about his work that an idea takes shape between his hands with their thoughtful and inventive fingertips. And this form does not let go of the gesture anymore, taking the movement with it, in, among other things, its deliberately rough and enduringly floating state.

This manual, and by extension corporeal, way of creating is also apparent from his handling of the expressive genres. Drawing, sculpture and performance merge into one another and mix together. They are frequently combined in a single work: living legs and hands, for example, that stick out of a sketched torso, with a concrete mask on top. But each of these disciplines is itself permeated with the others. For instance, the drawings are sculptural in their sturdiness and performative in their articulation and seriality. At the same time, the sculptures look drawn in their schematism and performative in their theatricality. In their turn, the performances, with their constructed nature, look drawn, and their solidification makes them look sculptural.

1 *To be determined. According to the situation,* visitor's guide to the Dirk Zoete exhibition at S.M.A.K. (Ghent), from 11 March to 4 June 2017.

Performing and staging are in Zoete's blood. He starts the overview of his work on his website with films of two performances from 2000. In 'Plaats te kort' (Not Enough Room) a group of seven men shuffles through the town with their motorcycle helmets chained together, get on a bus and visit an art gallery. In 'Tractortrucs', the artist drives a tractor by means of ropes ingeniously tied to the steering wheel as he walks along behind it. Like a dog on a lead. These scenes are not lacking in humour, but also make one think about the relationship between man and machine.

In succeeding years, Dirk Zoete distanced himself from pure performance, but performative components frequently turned up as pacesetters in the constructions, models, buildings and vehicles he made and in the exhibitions he compiled. 'I present performances in a cautious way,' he says.[2]

[2] Dirk Zoete in a radio interview with Chantal Pattyn in *Pompidou,* Klara, 1 June 2017.

He installs watch-towers on models of tiled roofs ('Tiled Roof', 2001), and on the accompanying drawing he adds the slogan 'Shouted from the rooftop'. Scale models of architectural park constructions in the form of a deer's antlers ('Deer Antlers', 2003) are fitted with a stage on which a man stands next to a sound box. In 2011 he made mobile scenes with miniatures in which two tractors are pulling a screen and the audience ('Tractor Cinema'), in the opposite direction, remarkably enough. The 2012 work 'Façade Parade' shows a model procession of, among other things, mobile facades, stages and pieces of scenery. As from 2013, in such pieces as 'Studio Movement 1' (2013), 'Careful Dressage' (2014) and 'The Be-Part Exercises' (2016) he went a step further or, if you like, back to his roots, appearing in a performance himself or letting living characters play with the objects he creates. He takes photos of them, which he sometimes modifies by drawing on them.

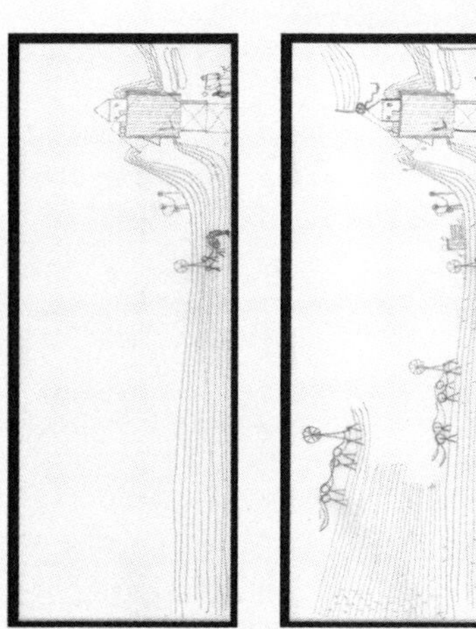

And lastly there is the abovementioned exhibition at S.M.A.K. in 2017. The first room was conceived entirely as a stage: at the front stood a large window construction with curtains in the form of cross-cut saws and 'through this "Saw Door" you entered the stage and walked amongst outsized anthropomorphic constructions'. These giant dolls appeared to be 'waiting for one or other activity or instruction from a director, who might say: "Now do this or that."'[3]

[3] Dirk Zoete in a radio interview with Chantal Pattyn in *Pompidou,* Klara, 1 June 2017.

A window is also the basis and the inspiration for the work that Dirk Zoete set up in and around the home of the writer Stijn Streuvels in Ingooigem. 'So it was here, at this wide, rectangular window, that the author sat at his desk throughout his career. I wondered whether Streuvels ever tired of constantly looking and peering out of that broad window. His whole life seemed to be built around the view through the window. It seemed that he was looking, but perhaps it was also he himself that was asking the world to look at him. Look at me looking, he said, and then leave me in peace' [4], is what Koen Peeters noted on the subject of the mythical window looking out over the fields of West Flanders during his stay at Het Lijsternest.

Looking and being looked at are also the two poles between which Dirk Zoete lets his work glide back and forth. He sees sketching (self-portraits and panoramic landscapes), handiwork (figures and sculptures) or building (models) as forms of looking. He considers exhibiting and performing as ways of being looked at. In the Lijsternest Project, as in his whole oeuvre and in many individual works, he makes these two poles merge into one another, using the window mentioned above as a catalyst, a mediator for the various practices.

The primary function of a frame, a framework, around a painting, is undoubtedly protection. But a frame also isolates the artwork, separating it from its surroundings, the wall, and also stabilises it. A frame fixes what is depicted, and closes off the artwork. Dirk Zoete ignores all these functions and literally and figuratively runs away with the frame and its content. He dynamises both the frame itself and the depiction it contains, as well as the space that surrounds it.

In this project, the frame forms the starting point, which in itself is exceptional. Framing usually comes at the end of an artistic process. After that, the artwork can be hung up and viewed. In this case, however, the artist starts with the frame, and this is what sets the creation in motion. Drawings appear inside the frame, which has the exact measurements of Streuvels' window, and they arrange themselves according to these dimensions. He even imitates the window in wood, sets it up in various positions in the landscape around Het Lijsternest and takes photos of it. And he partly clears the windowsill in front of the actual window and puts his own small sculptures there.

As in his earlier work, here too each of the disciplines he uses is permeated by the others. The drawn characters fit into the frame like reliefs on their stone support. They are reminiscent of capitals or lintels in Romanesque churches. Their jointed structure makes them appear extraordinarily animated. Several drawings in succession put them into a filmic perspective. The artist himself calls it 'a scenario without a story'. Figurines and silhouette figures are set up in front of Streuvels' window as in a puppet theatre. The outline of the window is the perfect invitation to do this. Here and there in the photo, drawn duplicates of these figures appear. And as the apotheosis, the window,

[4] Koen Peeters, *'Dat raam, Schrijvers huis Het Lijsternest Ingooigem'*, in: *Ast. Schrijvers en kunstenaars openen Stijn Streuvels' meesterwerk Het leven en de dood in den ast*, Lannoo, Tielt, 2016, p. 48.

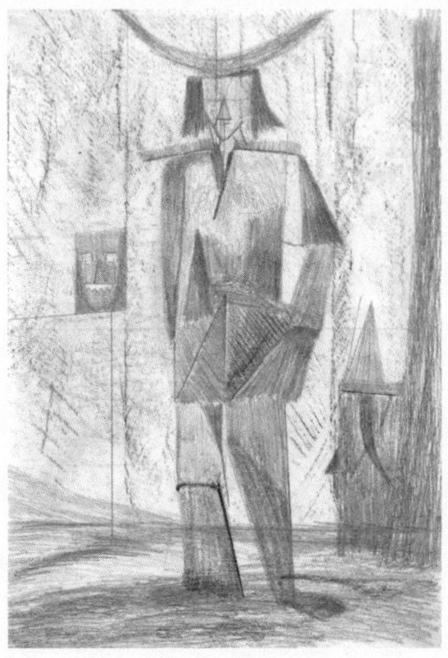

like a life-sized abstract sculpture, itself becomes an actor and captures the landscape in several positions, as in a true-to-life painting.

As a frame, the window receives, generates and retains scenes within its bounds, doing so not only in form, but also in content. The origin of the window determines what is shown. After all, the images that Dirk Zoete draws, sculpts and stages refer directly to the literature of Stijn Streuvels, more specifically his first novel, Langs de wegen, which is the origin of this whole arts project: 'From early in the morning, when it was still pitch black in the stable, the horses began chattering and slamming their hooves against the wooden planks of their stalls. At the noise Jan jumped from his bed and lit the lantern.' [5] Streuvels already mentions both the man and the horses in the opening lines of his book, in which he subjects the introverted stable boy Jan Vindeveughel to a merciless fate. And Dirk Zoete does the same in the first drawing of Not a Day Without a Line. A figure that fills the page (Streuvels? Zoete himself?), drawn frontally, is flanked by a horse's head on a pole and a small man like a marionette looking up at him. In this publication, the drawer or writer also appear to be ready to start the fatal puppet show of their characters' lives.

Apart from this it is horses —standing still, trotting, ridden or driven— isolated, rough-hewn figures, often at work in the field, and rural landscapes that populate this arts book in large numbers. They make reference to Streuvels' world, but are also close to the heart of Zoete himself, a farmer's son. In his oeuvre he often draws on an agrarian stock of themes, images and even materials. And in this publication old and new work merge seamlessly into one another. It is done in a wide variety of visual processes and in a fashion reminiscent of the various modernist movements of the early twentieth century, when Streuvels was writing his most important novels. They include Constructivism, Cubism and Futurism.

So, Dirk Zoete is able to make an utterly contemporary all-round creation with time-honoured subjects, designed in modern and contemporary styles and techniques, and which is perfectly suited to both him and Stijn Streuvels.

Bart Janssen

[5] From a facsimile of the first edition of Stijn Streuvels' *Langs de wegen* (1902), included in the Jaarboek XXII of the Stijn Streuvelsgenootschap, Lannoo, Tielt, 2016.

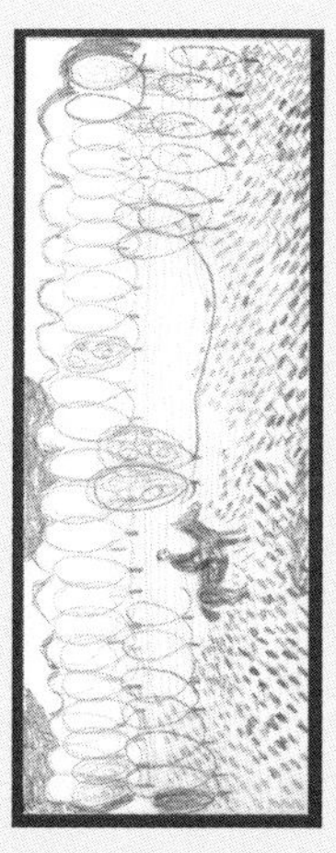

APE#093
Bart Janssen, Koen Peeters, Dirk Zoete
Geen Dag Zonder Lijn / Not a Day Without a Line
2017, Art Paper Editions
ISBN 9789490800710
www.artpapereditions.org
www.dirkzoete.be

Text: Bart Janssen & Koen Peeters
Drawings: Dirk Zoete
Photography: Dirk Zoete & Fotorama, Wevelgem
Graphic Design: Lien Van Leemput, 6'56"
Editing: Mia Verstraete
Translation: Gregory Ball (prose), Arjun Sharma & Mon Nys (poems)
Coordination: Patrick Ronse & Lize Chielens
Printing: Graphius Group, Ghent
International distribution: ideabooks.nl
Distribution Belgium: exhibitionsinternational.org

This publication was realized with the support of the Province of West-Flanders: The Executive of the Provincial Council of West-Flanders, consisting of Mr Carl Decaluwé, Governor-chairman, Mr Guido Decorte, Mr Franky De Block, Mr Carl Vereecke, Mr Bart Naeyaert, Mr Jean de Bethune and Mrs Myriam Vanlerberghe, Members, and Mr Geert Anthierens, Provincial Clerk. Thanks to Mieke Ackx, Sofie Muyllaert, Tom Houtman and Jurgen Casteleyn.

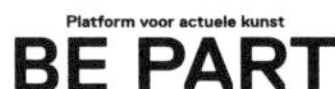

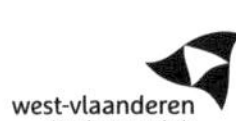